Die storie van uitvindings

Ek hoop iemand het aan iets sags gedink waarop ek kan land!

Die storie van uitvindings

Anna Claybourne
Geïllustreer deur Adam Larkum
Ontwerp deur Steve Wood

Redakteur: Jane Chisholm
Bykomende ontwerpe deur Stephen Wright
Omslagontwerp deur Tom Lalonde

INHOUD

6 Alles oor uitvindings

Landvervoer

8 Die wiel word ontdek
10 Trap dat dit klap
12 Kolskoot katogies
14 Landvervoer deur die eeue heen

Lugvervoer

16 Leer vlieg
18 Sweef- en vliegtuie
20 Terug aarde toe
22 Lugvaartuie deur die eeue heen

Kos

24 Die verspreiding van sjokolade
26 Iets om te herkou
28 "Aa" vir aartappelskyfies

Huishoudelike uitvindings

30 Skottelgoed was
32 Stof opsuig
34 Wonderbaarlike mikrogolwe
36 In die drein af!
38 Helder oomblikke
40 Beligting deur die eeue heen

Kommunikasie

42 Die uitvinding van die telefoon
44 Klankopnames
47 Die televisie word gebore
50 Die rekenaarera
52 Kommunikasie deur die eeue heen

Klere

54 Die storie van denim
56 Rits dit toe!
58 Kyk sulke klouband!

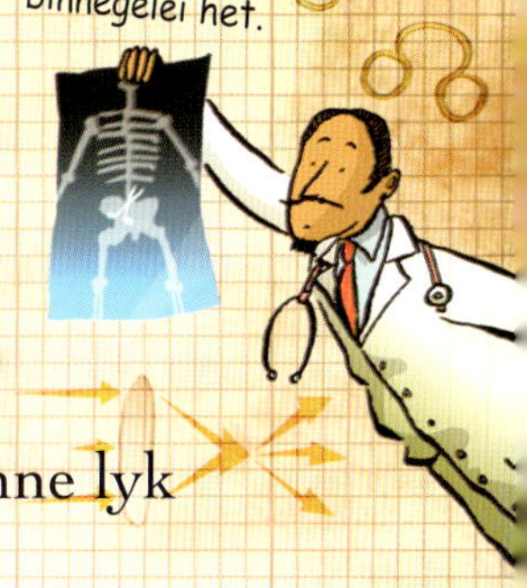

Medisyne

60 Operasies sonder trane
62 Bobaasbrille
64 Die storie van pleisters
66 Om te sien hoe ons van binne lyk

Skryfwerk

68 Papierpioniers
70 Boeke vir almal
72 Die briljante balpunt
74 Boodskappe wat plak
76 Braille, die slimkop
78 Skryfgereedskap deur die eeue heen

Sonder hierdie ongelooflike uitvindings sou jy nie nou hierdie boek kon lees nie!

Nog uitvindings

80 Doer onder ...
82 Die sag-hard-masjien
84 Foto's neem
86 Alledaagse uitvindings deur die eeue heen

88 Lawwe idees?

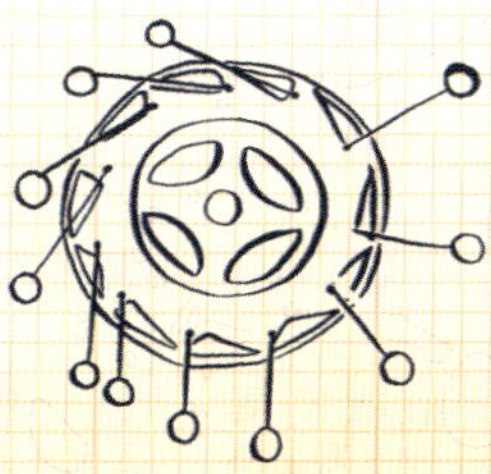

90 Uitvindingstydlyn
92 Woordelys
94 Register

ALLES OOR UITVINDINGS

Mense was nog altyd uitvinders. Al van die oertyd af gebruik ons dinge rondom ons om nuttige werktuie, hulpmiddels en speelgoed te maak. En dit lyk nie of ons enigsins gaan ophou om dit te doen nie!

Hoekom dinge uitvind?

Heelwat uitvindings help ons om ons werk vinniger en makliker gedoen te kry – dink maar net aan 'n skottelgoedwasser! Ander, soos katogies, maak die lewe veiliger. Ander, soos fotografie, stel ons in staat om nuwe dinge te doen wat vroeër onmoontlik was. Uitvinding is die sleutel tot vooruitgang. Dis aan uitvindings te danke dat ons vandag in 'n moderne wêreld leef.

Selfs diere is uitvinders!

Mense is nie die enigste uitvinders nie. Intelligente diere soos sjimpansees het al verskeie soorte gereedskap uitgedink. Party gebruik klippe om neute oop te breek; ander stroop die blare van takkies af en gebruik dan die takkies om termiete uit hulle neste te haal vir 'n lekker happie.

Twee koppe

Sommige uitvindings is slegs een persoon se werk. Só het Percy Shaw byvoorbeeld binne 'n paar sekondes aan die idee van katogies gekom, nadat hy 'n regte kat se oë in die donker langs die pad sien glim het. Die meeste uitvindings ontwikkel egter oor 'n lang tydperk, met baie uitvinders wat gaandeweg hulle idees by die oorspronklike voeg.

Patenteer, patenteer!

Soos jy in hierdie boek sal sien, is uitvinders gewoonlik haastig om hulle uitvindings te laat patenteer. 'n Patent is 'n soort regeringslisensie vir 'n spesifieke uitvinding.

Prentjies van patente

Om vir patentreg aansoek te doen, moet jy 'n beskrywing van jou uitvinding voorlê, asook duidelike prentjies daarvan (wat presies uiteensit wat dit is en hoe dit werk). Die prentjies hier is gebaseer op patenttekeninge van twee bekende uitvindings:

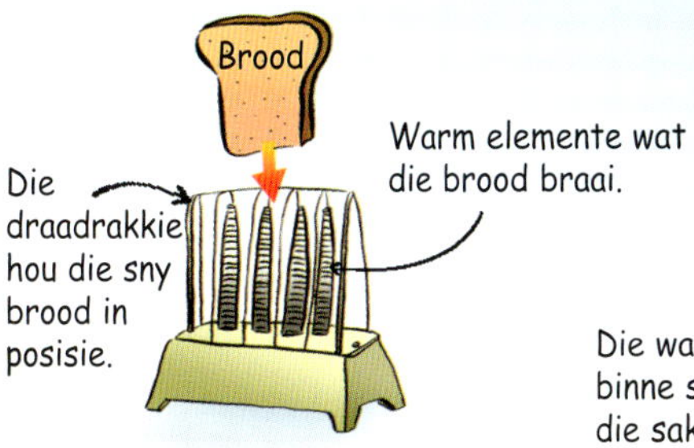

'n Broodrooster uit 1908

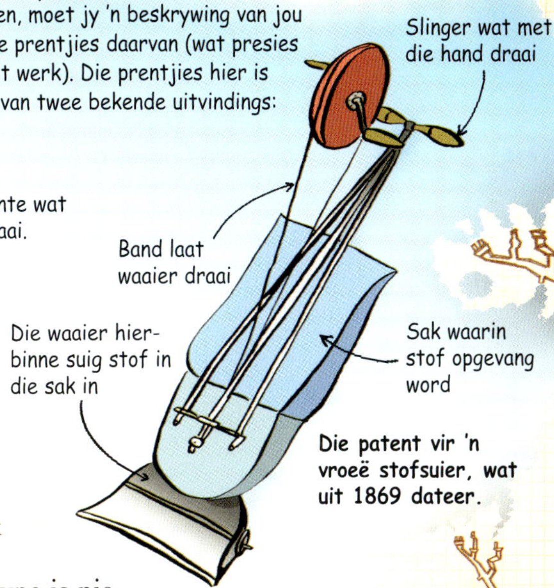

Die patent vir 'n vroeë stofsuier, wat uit 1869 dateer.

Patentreg beteken jou uitvinding behoort wettiglik aan jou. Niemand mag dit naboots of voorgee dat dit syne is nie. In die meeste lande beskerm patentreg 'n uitvinding vir 20 jaar.

En die uitvinders? Wie is hulle?

Wanneer jy aan 'n uitvinder dink, sien jy in jou verbeelding iemand wat alleen op 'n solder allerhande rare kontrepsies maak van huishoudelike artikels. Die uitvinder van die televisie, John Logie Baird, het presies só gewerk – en sommige uitvinders doen dit steeds. Baie kom egter met hulle idees vorendag terwyl hulle met gewone werk besig is. Dis presies wat met Art Fry, die uitvinder van die plaknota en Percy Spencer, wat die mikrogolfoond ontdek het, gebeur het: Hulle uitvindings was deel van hul daaglikse werk. Die waarheid is dat enigiemand 'n uitvinder kan wees. Miskien selfs jy?

DIE WIEL WORD ONTDEK

Probeer jou die lewe sonder wiele voorstel. Sonder motors, treine, fietse of busse – of selfs kruiwaens – sou dit pynlik lank geneem het om van A na B te kom! Gelukkig is die wiel lank, lank gelede ontdek.

'n Wêreld sonder wiele

6000 jaar gelede het wiele nie bestaan nie. Toe het dit nie soveel saak gemaak nie, want daar was beswaarlik paaie. Baie mense het in woude, woestyne of moerasse gebly, waar wiele in elk geval nie van veel nut sou wees nie. Hulle het geloop waar hulle wou wees, en het diere gebruik om swaar vragte te dra.

Niemand weet presies waar of wanneer die eerste wiel ontdek is nie – maar die vroegste prentjies van wiele is omtrent 5200 jaar oud en kom uit Sumerië ('n antieke beskawing in die land wat vandag Irak genoem word). Op hierdie tekeninge is waentjies te sien met soliede houtwiele wat van planke gemaak is en deur wilde-esels getrek word. 'n Rit op só 'n waentjie was seker taamlik stamperig – maar wiele het dit vir die Sumeriërs moontlik gemaak om vinniger te reis en vragte makliker as vantevore te vervoer.

Ons Inkas wil nie wiele hê nie, dankie!

Vroeë bewoners van die Amerikas, soos die Inkas, het nooit wiele gehad nie. Hulle het bloot daarsonder klaargekom. Die eerste keer wat hulle wiele gesien het, was in die 1400's, toe ontdekkingsreisigers uit Europa na Amerika gekom het en waentjies en kanonne op wieletjies met hulle saamgebring het.

Die Inkas het lamas gebruik om swaar vragte te dra.

Pottebakkerswiele?

Sommige kenners dink dat dit Sumeriese pottebakkers was wat wiele uitgedink het: Hulle het klei op wiele in die rondte laat draai. Ander mense het waarskynlik hierdie pottebakkerswiele nageboots en dit gebruik om vervoermiddels mee te maak.

Die wiele van vooruitgang

Die meeste kenners dink dat wiele stadig en oor baie, baie jare ontwikkel het – en dat dit waarskynlik nie die werk van net een uitvinder was nie.

Trap dat dit klap

Die fiets is 'n eenvoudige uitvinding wat nie 'n enjin, elektronika of brandstof nodig het nie. Dis so eenvoudig dat dit maklik duisend jaar gelede ontdek kon gewees het – maar die waarheid is dat fietse maar redelik onlangs op die toneel verskyn het.

Die celerifere was die eerste uitvinding wat soos 'n fiets gelyk het. Dit het egter nie pedale gehad nie en kon nie draai nie - tensy jy met jou voorwiel in die lug kon opskop.

Al rollende

In ongeveer 1790 het 'n Fransman, Mede de Sivrac, 'n rytuig ontdek wat hy 'n celerifere genoem het. Dit is van hout gemaak en het twee wiele gehad, maar geen pedale of stuurstang nie. Sommer gou was dit hoogmode om op só 'n ding by 'n afdraand af te woer.

Die Duitse baron Karl von Drais het gesien daar's ruimte vir verbetering. In 1817 het hy 'n variasie op die celerifere ontwerp – met 'n voorwiel wat met 'n stuurstang gestuur kon word. In baie dele van Europa het Drasienne-fietsry 'n populêre sportsoort geword.

'n Stuurstang het dit baie makliker gemaak om die Drasienne te hanteer.

Uiteindelik pedale!

Omdat hierdie vroeë fietse nie pedale gehad het nie, moes 'n mens dit met jou voete vorentoe skop-skop. Maar in 1839 het die Skotse hoefsmid Kirkpatrick Macmillan 'n nuwe metaalmodel gebou, met voethefbome wat die agterwiel laat draai. Van die dorpsmense wat hom op sy uitvinding sien rondjaag het, het hom uitgelag – veral toe hy 'n kind omgery het en 'n boete opgelê is. Macmillan se uitvinding was egter die eerste behoorlike pedaalaangedrewe fiets.

Macmillan se fiets het deur middel van pedaalkrag vorentoe beweeg. Só kon hy ver ry sonder om moeg te word.

Voorwielaandrywing

Macmillan het nooit sy ontwerp gepatenteer of laat vervaardig nie. Pleks dat hy dit gedoen het, want ander mense het sy idee nageboots en met hulle eie variasies vorendag gekom. Twee koetsmakers van Parys, Ernest en Pierre Michau, het hulle weergawe in die 1850's bekendgestel. Dit het pedale aan 'n groot voorwiel gehad en as die velocipede bekend gestaan: Frans vir "vinnige voet".

Velocipedes het soliede rubberbande gehad en was baie ongemaklik – dié dat dit in Engeland "beenskudders" genoem is.

Groot en gevaarlik

Hoe groter die voorwiel, hoe vinniger kon die velocipede ry. In 1871 het die Engelse uitvinder James Starley een met 'n reusevoorwiel ontwerp. Hy het dit die "ordinêr" gedoop – hoewel dit vandag alles behalwe gewoon lyk. Die ordinêr was vinnig, maar redelik onvas op die pad en het baie ongelukke veroorsaak.

Die ordinêr het later die bynaam "penny farthing" gekry – genoem na twee Engelse muntstukke. (In Afrikaans het dit die "tiekiewawiel" geheet.)

Veilig EN vinnig

James Starley se broerskind John Starley het dié probleem in 1885 uitgestryk. Hy het die pedale wat die agterwiel moes draai (soos by Macmillan se fiets) aan 'n ketting gekoppel. Albei wiele was ook ewe groot – en dié fiets was soveel veiliger dat dit die "veiligheidsfiets" genoem is. Vandag werk fietse steeds op dié manier.

Leonardo se fiets?
In die 1960's het monnike in 'n notaboekie wat aan die Italiaanse kunstenaar en uitvinder Leonardo da Vinci behoort het, op 'n tekening afgekom wat uit 1493 dateer. Dié tekening wys 'n affêring wat merkwaardig baie soos 'n moderne fiets lyk. Was Leonardo da Vinci, die uitvinder van die fiets, sy tyd 400 jaar vooruit? Niemand weet nie. Baie mense dink vandag die tekening is 'n vervalsing.

Kolskoot katogies

'n Enkele briljante idee het van Percy Shaw een van die mees suksesvolle uitvinders ooit gemaak. Hy was nie 'n ingenieur of 'n wetenskaplike nie – maar hy het 'n blink gedagte gehad wat tot 'n groot uitvinding gelei en van hom 'n miljoenêr gemaak het.

Bang vir die donker?

Percy Shaw is in 1890 in Halifax in Engeland gebore. As seuntjie was hy mal daaroor om sy eie speletjies en gereedskap uit te dink – en as volwassene het hy sy eie padroller gebou om paaie mee gelyk te maak. Met dié uitvinding het hy as padhersteller begin werk.

Een donker, mistige nag in 1933 toe Shaw van Bradford af oppad was Halifax toe, het hy byna van die pad af oor 'n afgrond gery. Wat hom gered het, was die twee helder liggies wat hy langs die pad gesien het: die oë van 'n rondloperkat wat in sy motor se kopligte weerkaats het.

Dít het Shaw die idee gegee vir weerkaatsers wat saans die rand van die pad kan aanwys – en presies soos 'n kat se oë sal werk. Nadat hy verskeie ontwerpe uitgetoets het, het hy met die volgende vorendag gekom:

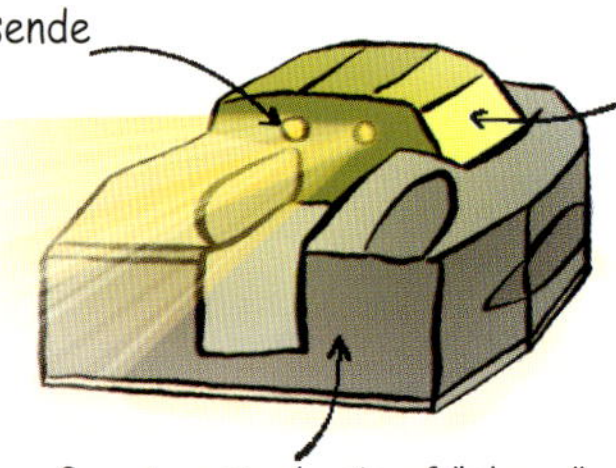

Regte katoë

Waarom weerkaats regte katoë lig? Omdat katoë 'n silwerige lagie aan die agterkant het wat die "tapetum lucidum" genoem word (Latyn vir "helder tapyt"). Dié lagie laat lig twee keer deur die kat se retina (die ligsensitiewe deel van die oog) vloei - en verleen só aan katte beter sig in die donker. Baie diere, onder andere haaie, beskik ook oor 'n tapetum lucidum.

Binne 'n kat se oog

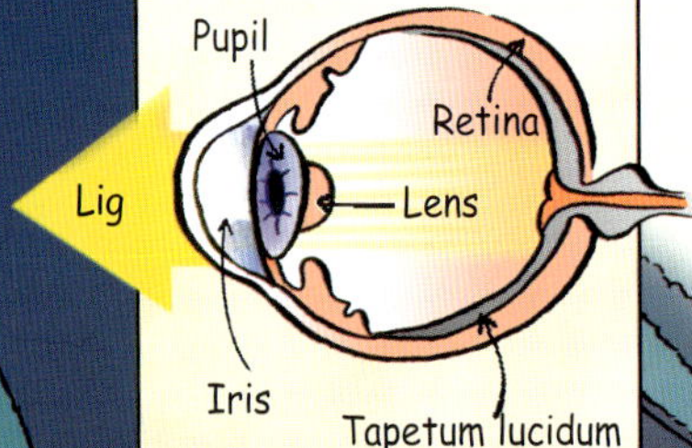

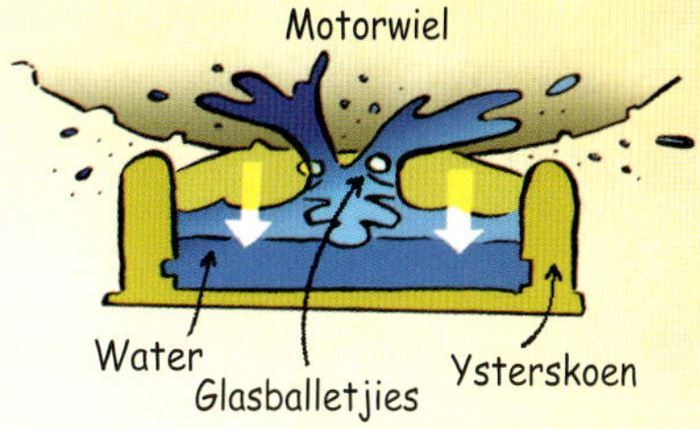

Wanneer dit reën, dam water in die ysterskoen op. Wanneer 'n motor bo-oor die katogie ry, druk dit die koepel met glasballetjies ondertoe. Die balletjies word in die reënwater ingedruk en skoongewas.

Selfreinigende katogies

Nie net kon Shaw se uitvinding – bekend as die "katogie" – die pad verlig sonder elektrisiteit nie – dié katogies kon hulself ook met reënwater skoonmaak. Hierdie prentjie wys hoe:

Beligting van die wêreld se paaie

Shaw het sy uitvinding in 1934 gepatenteer en sy eie fabriek begin. As 'n steekproef het hy 50 katogies langs 'n gevaarlike plaaslike pad geplaas. Die ongeluksyfer het dramaties gedaal.

In 1937 het die Britse regering 'n kompetisie geloods om die beste padweerkaatser aan te wys – Shaw se uitvinding het gewen. Binne 'n paar jaar het sy fabriek katogies gemaak; nie net vir gebruik oor die hele Brittanje nie, maar vir paaie oor die hele wêreld heen. Katogies het waarskynlik al duisende mense se lewe gered.

Jan Tuisbly
Hoewel katogies van Percy Shaw 'n ryk man gemaak het, het sy sukses nie na sy kop toe gegaan nie. Hy het tot sy dood in die ouderdom van 86 jaar bly woon in die huis in Halifax waar hy grootgeword het. Hy het sy geld bestee op twee Rolls Royce'e en op partytjies vir sy vriende – maar geweier om hoegenaamd matte of gordyne te koop!

Nuwe horisonne

Vandag is daar meer motors en paaie as ooit tevore – en steeds word katogies gebruik. Baie paaie het nou, benewens langs die kant, ook katogies al op die middel langs. En katogies is ook nie meer net wit nie – rooies word dikwels langs groot paaie gebruik, en groenes by kruisings. 'n Mens kry selfs katogies wat met sonkrag werk. Steeds word dit volgens Percy Shaw se basiese ontwerp gemaak.

LANDVERVOER
DEUR DIE EEUE HEEN

Miljoene reise word daagliks deur mense onderneem – meestal oor land. En ons het hordes maniere uitgevind om van A na B te kom.

Vir duisende jare het landvervoermiddels op die krag van perde – of mense – staatgemaak. Mense kon hulle skaars 'n koets indink wat vanself ry ...

... maar dit het wel moontlik geword met die uitvinding van stoomenjins deur Denis Papin, in 1690.

1690 Die stoomenjin

Die stoomenjin omskep die stukrag van stoom in beweging.

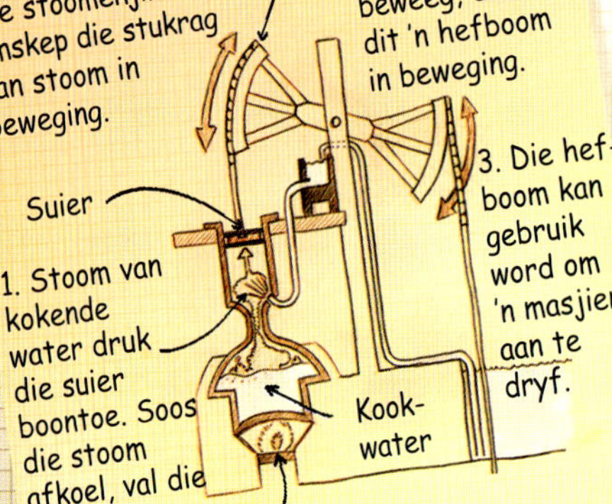

1769 Die stoomwa

In 1769 het die Franse uitvinder Nicholas-Joseph Cugnot 'n wa gebou wat deur 'n stoomenjin aangedryf is. Dit was waarskynlik die heel eerste stoomaangedrewe voertuig.

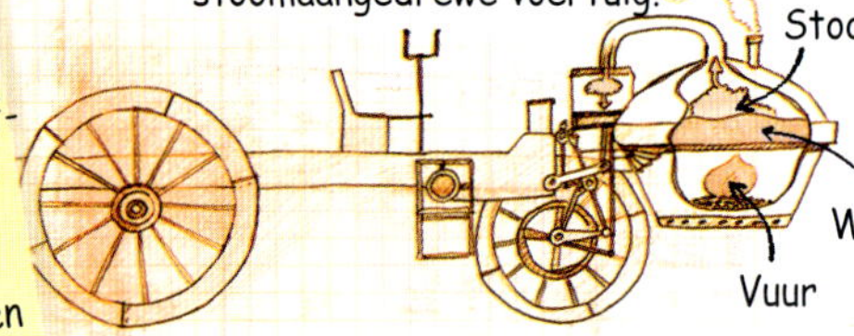

Maar Cugnot se wa was stadig en moeilik om te bestuur. In 1771 het dit teen 'n baksteenmuur vasgery.

1804 Stoomtreine

Uitvinders het gou besef dat stoomenjins beter vir treine as vir waens werk. Die Britse uitvinder Richard Trevithick het in 1804 die eerste stoomtrein gebou. Teen die 1830's kon treine soos die Rocket (gebou deur George Stephenson) reeds passasiers vervoer.

Stephenson se Rocket kon 'n spoed van 50 km/h bereik. Sommige mense was bang dat dit vir 'n mens skadelik kan wees om teen só 'n vinnige spoed te reis.

1800's Die binnebrandenjin

Stoomenjins was groot en lomp – gepas vir treine, maar nie vir kleiner voertuie nie. Deur die loop van die 1800's het verskeie uitvinders dus aan 'n nuwe idee gewerk – die binnebrandenjin.

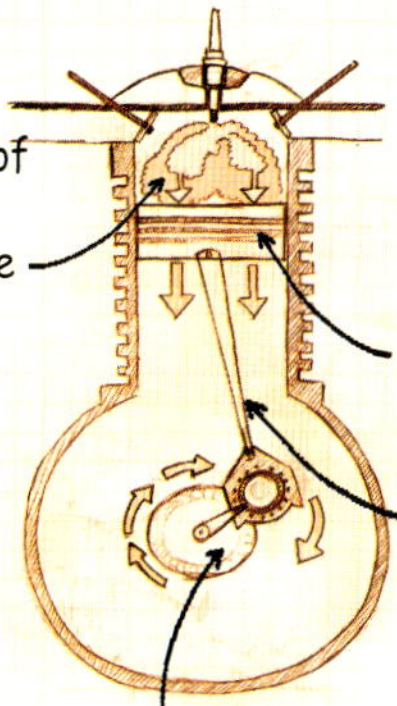

Brandstof ontplof hierbinne

1. Die binnebrandenjin werk op die beginsel van klein hoeveelhede brandstof wat ontplof.

2. Elke ontploffing druk 'n suier ondertoe.

3. Die bewegende suier beweeg dié gedeelte, wat 'n krukas genoem word, op en af.

4. Die bewegende krukas laat 'n as draai, wat op sy beurt twee wiele laat roteer.

1807 Gasaangedrewe motor

Die Switserse uitvinder François Isaac de Rivaz het reeds in 1807 'n vroeë binnebrandenjin gebou. Sy enjin het met waterstof en suurstofgas geloop – en hy het dit gebruik om verskeie gasaangedrewe motors te bou.

1908 Model T Ford

Ná 'n eeu se verbeterings was motors vinniger en het met petrol geloop. In 1908 het die Amerikaanse uitvinder Henry Ford sy "Model T"-motor begin vervaardig. Meer as 15 miljoen Model T's – die eerste motor om massavervaardig te word – is gebou.

Model T

20e eeu

Motorfiets

Deur die loop van die 20e eeu is nog verskeie ander voertuie met binnebrandenjins ontwerp en gebou ...

Sneeumobiel

Skopgraaf

Bus

Maar mensaangedrewe vervoermiddels het nog nooit uit die mode geraak nie ...

1700's

In die 1700's bou 'n Hollandse uitvinder die eerste rolskaatse ...

1958

... die skaatsplank maak in 1958 sy verskyning ...

1998

... en skoene met wieletjies in die hakke word in 1998 ontwerp.

LEER VLIEG

Mense het nog altyd na voëls, vlermuise en vlieënde insekte gekyk en gewens hulle kan ook vlieg. Dit het egter 'n tydjie geneem voor die mens se vliegeksperimente … van die grond kon kom.

Met die klap van 'n vlerk

Met hul eerste vliegpogings het mense voëls nageboots. Hulle het reusevlerke met vere gebou, dit aan hulle arms vasgemaak en begin flap.

Die Skotse wetenskaplike John Damian het dit in 1507 probeer. Met vlerke gemaak van hoendervere het hy van Stirling Kasteel in Skotland afgespring, vas van plan om tot in Frankryk te vlieg. In pleks daarvan het hy reguit in 'n mishoop geval en sy been gebreek.

Damian het gedink hy moes arendsvere in pleks van hoendervere gebruik het. Maar hy was verkeerd. Uitvinders het allerhande verskillende ontwerpe – en vere – probeer, maar geen geflap, hoe kragtig ook al, kan 'n mens in die lug hou nie.

Vlieg soos 'n voël

Voëls vlieg deur hulle vlerke te klap – so waarom kan ons dit nie doen nie? Dit het alles met die vorm en ontwerp van 'n voël se lyf te make. Anders as ons, is voëls gebou om te vlieg …

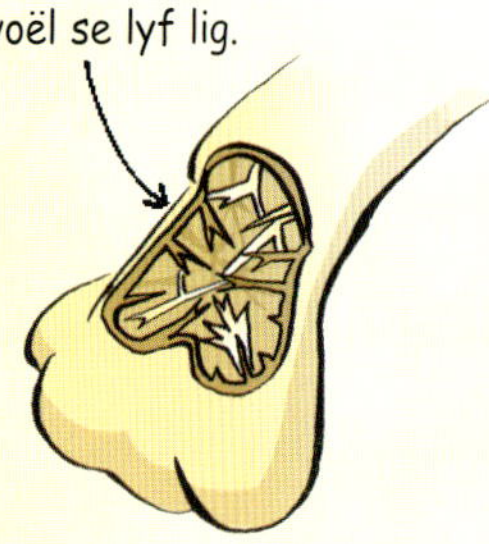

Ligter as lug

Warm lug is ligter as koue lug, wat beteken dit kan bo koue lug sweef. Die antieke Chinese het dit geweet. Hulle het vlieënde lanterns ontwerp wat met warm lug gevul word en dan in die lug rondsweef.

Hoe werk dit?
Wanneer 'n mens lug warm maak, sprei die lugmolekules uit en word ligter.

Die warm lug binne-in die lantern is ligter as die koue lug rondom.

Die koue, swaar lug daal en die warm lug styg – en trek die lantern saam.

Ballon: blink idee

In 1783 het twee Franse broers, Joseph en Jacques Montgolfier, hierdie idee gebruik om 'n veel groter warmlugvliegmasjien te maak wat ook passasiers kan dra.

Die broers se hele familie was papiermakers – so aan papier het hulle geen tekort gehad nie. In 1783 het hulle 'n reuseballon van papier en lap gemaak, en dit met warm lug van 'n vuur af gevul.

Op, op en weg!

Die broers se eerste ballon het byna 2 km op sy eie gevlieg. Met hulle tweede toetsvlug is 'n eend, 'n haan en 'n skaap die lug in gestuur.

Uiteindelik het die Montgolfiers 'n warmlugballon gebou wat mense kon vervoer. Twee dapper vrywilligers, 'n wetenskaponderwyser en 'n soldaat, het die eerste menslike vlug op 21 November 1783 meegemaak – en 8 km (5 myl) ver oor die strate van Parys gesweef.

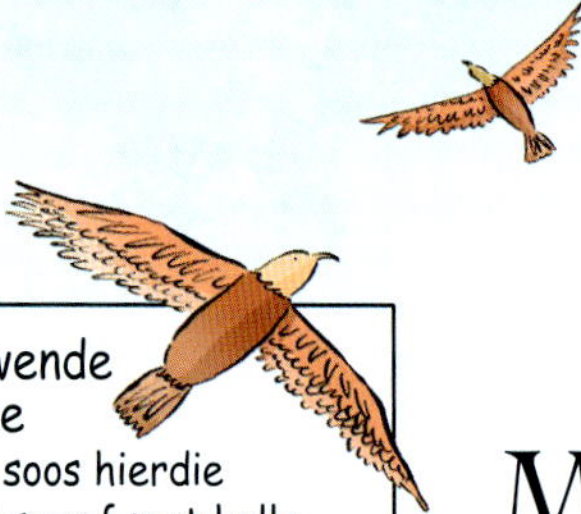

Swewende vlerke
Voëls soos hierdie arend sweef met hulle vlerke uitgesprei. Die posisie en vorm van die vlerke lig die voël soos dit vorentoe beweeg.

SWEEF- EN VLIEGTUIE

Mense het in 1783 vir die eerste keer in warmlugballonne gevlieg. Maar ballonne was stadig, en moeilik om te bestuur. Uitvinders wou steeds voëls namaak en vinnig en ver met vlerke vlieg.

Al swewende ...

Klappende vlerke het duidelik nie gewerk nie. Maar die 19e-eeuse uitvinder George Cayley het gesien vlerke hoef nie noodwendig te klap nie. In pleks daarvan, kon dit maar net reguit uitsteek, soos die vlerke van 'n swewende arend. Hy het 'n hele reeks voëlagtige modelle gebou, almal vaartbelyn en met geronde, gebuigde vlerke.

Uiteindelik, in 1849, het Cayley 'n werkende sweeftuig gebou en dit uitgetoets met 'n tienjarige seuntjie aan boord. Nadat die tuig by 'n afdraand afgetrek is, het dit opgestyg en 'n kort entjie gevlieg. In 1853 het Cayley 'n nuwe sweeftuig gebou en sy koetsier, John Appelby, oortuig om die loods te wees. Dit het 183 m ver gevlieg. Appleby was vreesbevange en het gekla: "Ek's aangestel om te bestuur, nie om te vlieg nie!"

Cayley se vaartbelynde ontwerp is op die vorm van 'n forel se lyf geskoei. Hy het gereken dit sal die ideale vorm vir die romp van sy sweeftuig wees.

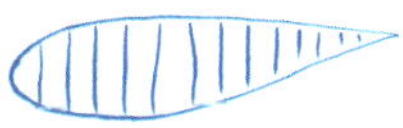

Hy het met verskeie vlerkvorms en ontwerpe eksperimenteer ...

... en uiteindelik volledige, werkende sweeftuie ontwerp.

Cayley se 1853-sweeftuig

John Appleby

... met 'n voël se vlerke

Die Duitse ingenieur Otto Lilienthal was die volgende groot sweeftuiguitvinder. Om die perfekte vorm te verkry, het hy voëls se vlerke en sterte bestudeer. Hy het 18 sweeftuie gebou en almal self getoets deur in die loop van die 1890's honderde vlugte te onderneem. Hartseer genoeg is Lilienthal in 1896 oorlede toe een van sy sweeftuie neergestort het. Sy briljante sweeftuigontwerpe het egter die weg gebaan vir toekomstige uitvinders.

Lilienthal se sweeftuie is op sy sketse van voëls gebaseer.

Aangedrewe vlug

Sweeftuie kon net klein entjies vlieg, omdat daar geen kragbron was om dit deur die lug te stoot nie. Die oplossing was om 'n skroef wat deur 'n enjin aangedryf word by die ontwerp te voeg. Die eerste uitvinders wat dit probeer het, het egter nie veel sukses behaal nie – aangesien die beskikbare enjins almal te swaar was.

In 1890 het Clement Ader dit reggekry om 'n baie kort entjie te vlieg in sy skroefaangedrewe "Ader Eole" - maar hy kon dit nie vir lank in die lug hou nie.

'n Broer maak 'n plan

Die Amerikaanse broers Orvillle en Wilbur Wright wou ook 'n aangedrewe sweeftuig bou. Aangesien hulle nie 'n enjin kon opspoor wat lig genoeg is nie, het hulle hul eie ontwerp en gebou om in hulle vliegmasjien – die "Wright Vliegmasjien" – te pas.

Die Vliegmasjien se eerste toetsvlug op 14 Desember 1903 het skeefgeloop toe die tuig skuins gedraai en gaan staan het, pas nadat dit van die grond af opgestyg het. Drie dae later, op 17 Desember, met Orville Wright aan boord, het die Wright Vliegmasjien egter vir 12 sekondes bly vlieg – oor 'n afstand van 37 meter. Dit was die eerste volgehoue aangedrewe vlug in die geskiedenis.

Die Wright-broers het in 1900 met 'n eenvoudige, onbemande vlieërtipe sweeftuig begin voordat hulle hul vliegtuig ontwerp het.

Die 1903 "Wright Vliegmasjien"

Leonardo se valskerm
Die Italiaanse uitvinder Leonardo da Vinci het in ongeveer 1485 'n eenvoudige valskermontwerp geskets.

Leonardo se ontwerp het bestaan uit 'n hoekige keël met 'n stewige raam.

In 2000 het 'n groep vryvallers 'n weergawe van dié valskerm gebou en beproef. Dit het gewerk!

TERUG AARDE TOE

Lank voordat vliegtuie uitgevind is, het mense al aan die idee van valskerms gedink. Beide die antieke Chinese en Leonardo da Vinci (kyk links) het vroeë weergawes van die valskerm ontwerp. Die eerste valskermspronge waarvan ons weet, is egter eers ongeveer 400 jaar gelede uitgevoer.

Wie het eerste gespring?

Die eerste valskermspringer om bekendheid te verwerf, was die Fransman Louis-Sebastien Lenormand. In 1783 het hy eers uit 'n boom en toe van 'n toring af gespring – met 'n sonsambreel in elke hand. Dis Lenormand wat die (Franse) woord parachute uitgedink het: parasol (die woord vir 'n sonsambreel) beteken "teen die son" en parachute beteken dus "teen 'n val".

Die heel eerste valskermsprong is egter reeds meer as 150 jaar voor Lenormand s'n uitgevoer. In 1617 het 'n relatief onbekende Kroatiese uitvinder, Faust Vrancic, 'n toestel uitgetoets wat hy 'n "valbreker" genoem het – en sonder om seer te kry van 'n toring in Venesië afgespring.

Lenormand het twee groot sonsambrele as valskerm gebruik. Hy het eers uit 'n boompie en toe van 'n hoë toring in Parys afgespring – sonder om seer te kry.

Vrancic se "valbreker" was 'n geronde, langwerpige doek; met 'n vorm baie soos sommige hedendaagse valskerms.

Ek kan dit ook doen!

Deur die loop van die 1780's, aangevuur deur Lenormand se spronge, het verskeie ander Franse uitvinders en waaghalse begin valskerm spring. Hulle het met verskillende valskermontwerpe – en veel hoër spronge – geëksperimenteer.

In 1785 het die lugballonvlieënier Jean Pierre Blanchard gewys hoe 'n mens (wel, of 'n dier!) met 'n valskerm uit 'n lugballon kan ontsnap en veilig onder op die grond kom. Aanvanklik het hy 'n hond gebruik om te demonstreer hoe dié toestel werk, maar later het hy dit self beproef.

Kort daarna, in 1797, het die waaghals André Jacques Garnerin 'n opwindende valskermsprong gedoen vanuit 'n ballon op 'n hoogte van 1000 m.

Die meeste vroeë valskerms was keël- of sambreelvormig en gemaak van seil wat oor 'n houtraam gespan is.

Garnerin se valskerm was van die eerstes wat 'n mens kon opvou. Die ballon het die opgevoude valskerm in die lug opgetrek en dit net so opgevou in die lug laat hang.

Die valskerm het oopgegaan sodra dit van die ballon af losgeraak het.

Garnerin se vrou Jeanne en niggie Elisabeth het ook valskerm-waaghalse geword.

Plat opgevou

Die eerste valskerms is met 'n houtraam oopgehou en was dus glad nie buigbaar nie. Van ongeveer 1795 af het uitvinders opvoubare valskerms ontwikkel; eers met houtrame wat inmekaar kon vou en later sagte syvalskerms sonder rame. Hierdie soort valskerms kon in 'n rugsak opgevou en oopgemaak word deur 'n toutjie te trek – wat dit makliker gemaak het om valskerms te dra en te bêre wanneer dit nie gebruik word nie.

Vliegtuie en valskerms

Die eerste vliegtuie het in 1903 gevlieg en in 1911 is die eerste valskermspronge vanuit vliegtuie onderneem. In die 20e eeu het valskerms 'n noodsaaklike deel van weermagtoerusting geword: om soldate in oorlogsones af te laai en vir loodse om uit 'n beskadigde vliegtuig te kan ontsnap. Vandag onderneem mense ook valskermspronge en vryvalle vir die pret.

Vryvallers tuimel eers 'n ent deur die lug voordat hulle hul valskerms oopmaak.

LUGVAARTUIE
DEUR DIE EEUE HEEN

Sedert die uitvinding van vliegtuie en lugballonne het mense al hoe meer verskillende maniere en redes ontwikkel om die lugruim aan te durf.

1852 Lugskip

Die lugskip is deur 'n stoomenjin aangedryf.

Die Franse uitvinder Henri Giffard het in 1852 die eerste lugskip gebou en laat vlieg.

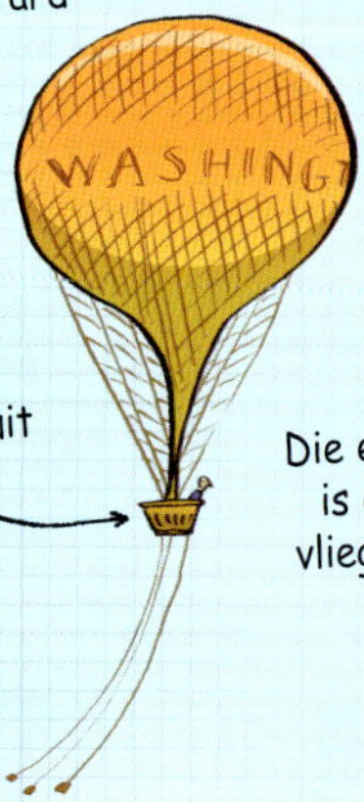

Speurballon **1860's**

Ballonne was ideaal om vyandelike troepe vanuit die lug dop te hou.

Van die eerste warmlugballonne is in die 1860's gedurende die Amerikaanse Burgeroorlog gebruik om die slagveld vanuit die lug te besigtig.

Vroeë 1900's Dubbelvlerkvliegtuie

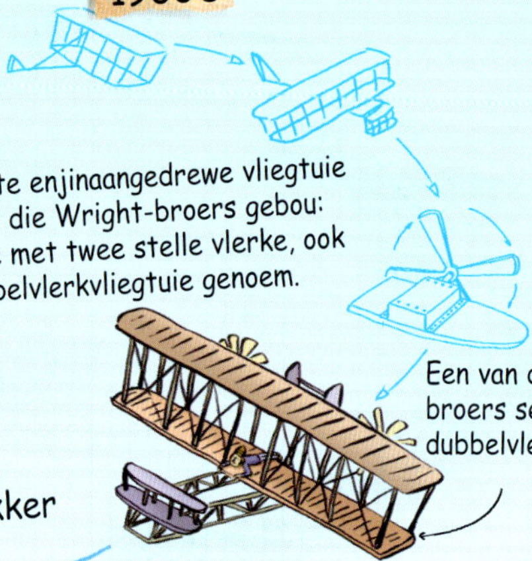

Die eerste enjinaangedrewe vliegtuie is deur die Wright-broers gebou: vliegtuie met twee stelle vlerke, ook dubbelvlerkvliegtuie genoem.

Een van die Wright-broers se dubbelvlerkvliegtuie.

1905 Die eendekker

1909 - Die Blériot Eendekker XI

Hierna het mense vliegtuie begin ontwerp met net een stel vlerke - eendekkers genoem.

1914 Passasiersvliegtuie

Benoist Model 14-vliegbote soos hierdie is deur die heel eerste lugredery gebruik. Dit het passasiers tussen St. Petersburg en Tampa, twee stede in die Amerikaanse staat Florida, vervoer.

1914-1918 Vegvliegtuie

Kort voor lank is vliegtuie vir oorlogvoering gebruik. Hier is 'n Fokker DR.I - 'n militêre vliegtuig wat in die Eerste Wêreldoorlog (1914-1918) deur die Duitsers gebruik is.

1930 Straalvliegtuie

Stralerenjins is in die 1930's ontwikkel. Die eerste straalvliegtuig, die Heinkel HE178, is in 1939 suksesvol die lug in.

Stralerenjin

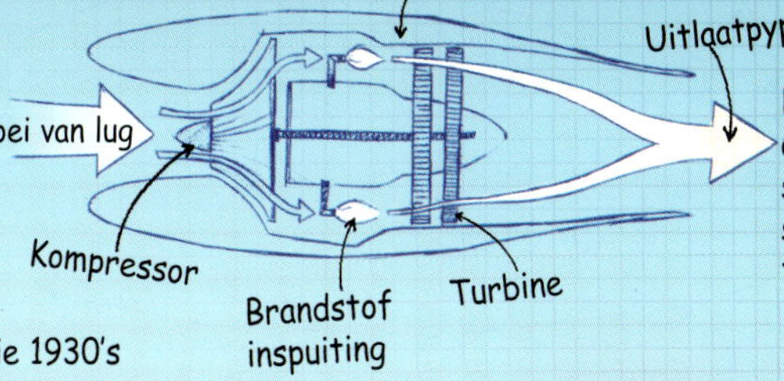

Die uitlaatgas wat agter uit 'n vliegtuig stroom, veroorsaak 'n sterk krag wat die tuig vorentoe stoot.

1936 Helikopter

In 1936 het die Duitse professor Heinrich Fokke die eerste werkende helikopter – die tweeskroef-Model 61 – gebou.

Sedertdien word helikopters vir oorlogvoering gebruik, asook vir misdaadbestryding, besigtiging van die omgewing en reddingswerk.

1940's Passasierstralers

Die eerste passasierstraler was die Comet, wat in 1949 bekendgestel is. Ongeveer 36 passasiers kon daarin vlieg.

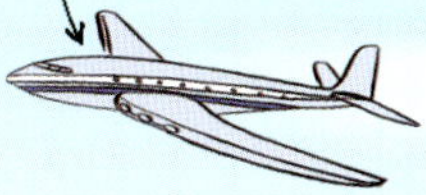

Baie mense droom daarvan om met 'n straalrugsak te vlieg – 'n vliegmetode wat dikwels in wetenskaps-fiksieflieks gesien word. Regte straalrugsakke is in die 1940's vir die eerste keer gebruik – maar dit is nie goedkoop of prakties genoeg vir gewone mense om aan te koop nie.

In die 1950's het lugvervoer algemeen geword en passasiersvliegtuie het gaandeweg groter geword.

1977 'n Trapvliegtuig?

Die Gossamer Condor was die eerste trapvliegtuig.

Die trapvliegtuig se liggewig koolstofveselraam is met deursigtige plastiek bedek.

2007 Vollengtedubbeldekker

In 2007 het die vliegtuigmaatskappy Airbus die grootste passasiersvliegtuig ooit bekendgestel – die dubbeldekker Airbus A380.

Die A380 het plek vir tot 555 passasiers.

Daar's selfs plek aan boord vir kroeë en winkeltjies.

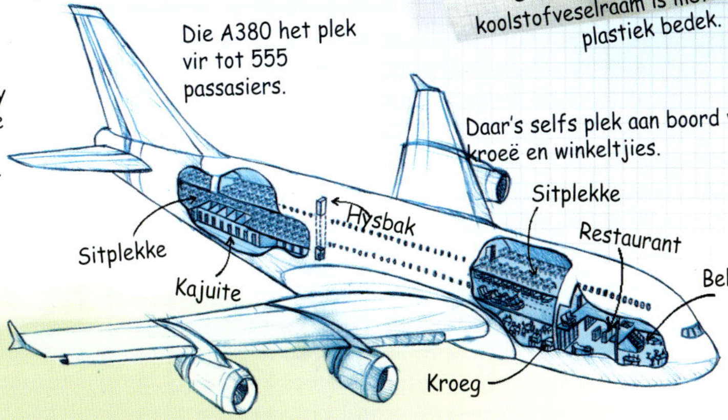

Mense het waarskynlik vir die eerste keer daaraan gedink om aan kakaoboontjies te proe nadat hulle gesien het hoe ape dit van die kakaoboom af eet.

DIE VERSPREIDING VAN SJOKOLADE

Sjokolade is van die gewildste eetgoed ter wêreld. Benewens die ontelbare sjokoladebeskuitjies, -koeke en -poedings wat ons verorber, eet mense jaarliks miljarde stafies sjokolade. En glo dit as jy wil – dit kom alles van 'n boontjie met 'n goor smaak.

Montezuma
Die Asteekse keiser Montezuma II was versot op xocolatl ('n sjokoladedrankie) en het 50 keer per dag uit 'n goue kelkie daarvan gedrink. Hy het dit die "drank van die gode" genoem, geglo dat dit hom krag en wysheid gee en die volgende daaroor te sê gehad:

Bitter bone

Sjokolade kom van kakaobome wat in tropiese omgewings groei en sade vol harde, bitter boontjies dra. Omtrent 2500 jaar gelede reeds het die Majas en die Asteke – mense wat gewoon het in wat vandag as Mexiko bekend is – dié kakaoboontjies gerooster en met water en speserye gemeng om 'n drankie te maak wat hulle "chocol haa" of "xocolatl" genoem het. Hulle het dié brousel as die drankie van die gode beskou en dit in godsdienstige seremonies gebruik. Hulle het ook die waardevolle kakaoboontjies as geld ingespan.

Spaanse indringers

Toe die Spanjaarde die Asteke se gebied in die 1500's binnegeval het, het hulle ook xocolatl beproef (hulle het dit "sjokolade" uitgespreek). Omdat hulle nie van die bitter smaak gehou het nie, het hul suiker bygevoeg en dit warm gemaak. Daar ontdek hulle toe sjokolade! Hulle het die kakaoboontjies teruggeneem Europa toe, waar sjokoladedrankies hoogmode geword het.

Sjokoladeskepe
Die Spanjaarde het kakaobone in plantasies in Afrika verbou, en dit dan Spanje toe verskeep. In 1579 het seerowers 'n Spaanse skip geplunder, onder die indruk dat daar goud op die skip was. In pleks daarvan was die skip vol kakaoboontjies. Die seerowers het die kakaoboontjies egter vir skaapmis aangesien – en dit aan die brand gesteek! As hulle van beter geweet het, sou hulle die boontjies vir 'n fortuin kon verkoop.

Sjokoladestafies

Teen die 1700's was daar spesiale sjokoladekafees oral in Europa. Sjokolade was egter baie duur, en slegs rykes en beroemdes kon dit bekostig.

Vir 'n hele paar eeue het die Europeërs hulle sjokolade net soos die Majas en die Asteke as drankie geniet. Sommige bakkers het dit in koeke gebruik – maar iets soos 'n sjokoladestafie het nie bestaan nie.

In 1847 het Francis Fry, lid van 'n bekende sjokoladehandelaarsfamilie, besluit om soliede sjokolade te maak – sjokolade wat 'n mens kan eet! Hy het gladde kakaopoeier saam met olierige kakaobotter (beide afkomstig van kakaoboontjies) warm gemaak en suiker daarby ingeroer. Toe die mengsel afkoel, het dit hard geword, en siedaar: sjokoladestafies!

Fry het 'n metode uitgevind om kakaobotter met kakaopoeier te meng om 'n taai smeer te vorm.

Hy het suiker in die warm mengsel opgelos om dit te versoet.

Daarna het hy die sjokolade in gietvorms gegooi om af te koel en te set.

Sjokolade-ontploffing

Die eerste sjokoladestafies was redelik taai en klonterig – maar sjokolateurs (sjokolademakers) het aanhou eksperimenteer om beter en beter sjokolade te maak.

- In 1853 het die Fry-familie sjokoladelekkergoed bekendgestel: die eerste sjokoladebedekte lekkers.
- Melksjokolade is in 1879 ontdek.
- In 1912 het Jean Neuhaus harde sjokoladedoppies ontwikkel – wat sjokoladelekkers met 'n sagte vulsel moontlik gemaak het.

Nuwe sjokoladeskeppings word vandag nog gemaak – en mense eet meer sjokolade as ooit tevore.

Francis Fry het die gietvorm vir Fry se Sjokoladelekkergoed ontwerp. Dit lyk vandag steeds presies dieselfde.

IETS OM TE HERKOU

Vanaf die vroegste tye het mense al aan rubberige boomgom gekou. Kougom soos ons dit vandag ken, het in 1869 ontstaan – danksy die ontmoeting van 'n Mexikaanse rebelleleier en 'n Amerikaanse uitvinder.

Mense het 'n natuurlike drang om te kou. Dis waarom ons potlode en vingernaels kou. Net so het mense sedert die vroegste tye al na taai goed gesoek wat hulle in hul monde kon prop – soos byvoorbeeld sapodillaboomgom (wat in Engels "chicle" genoem word).

Die Antieke Grieke het aan mastiek gekou, harpuis van mastiekbome ...

... en die Majas van Mexiko het aan sapodillaboomgom gekou.

'n Man met 'n plan

In die 1800's kon 'n mens in Amerika denneboomgom of paraffienwas koop om aan te kou. Lekker was dit egter nie; dit was hard, krummelrig en het maar sleg gesmaak.

Die prentjie het heeltemal verander toe Antonio Lopez de Santa Anna, 'n Mexikaanse rebelleleier en diktator uit sy land geskop is nadat hy sy politieke mag verloor het. In 1869 trek hy by sy uitvindersvriend Thomas Adams in die stad New York in.

Santa Anna het wel sy werk as politikus verloor – maar hy't 'n slim plan gehad om geld te maak. Hy't 'n vrag taai sapodillaboomgom uit Mexiko saamgebring in die hoop dat sy vriend die uitvinder dit in die plek van rubber sou kon gebruik in 'n poging om 'n nuwe soort buiteband te ontwikkel.

Adams het buitebande, speelgoed en reënstewels van die boomgom probeer maak – maar al hierdie planne het misluk. Sapodillagom kon nie op dieselfde manier as rubber gebruik word nie; die proses waarmee dit na bruikbare vorms omgesit is, het dit te hard laat word. Dit het gelyk asof die boomgom nutteloos was.

Boomgom en harpuis

Gom en harpuis is natuurlike stowwe wat van bome afkomstig is. Harpuis is 'n taai gom wat sommige bome afskei om snye in die stam mee te seël. Boomsap is die vloeistof wat soos bloed deur 'n boom vloei. Sommige soorte boomsap kan gekook word om gom daarvan te maak.

Net soos sapodilla-boomgom, word rubber gemaak van sap wat van bome getap word.

'n Nuwe idee

Heeltemal gefrustreerd met die spul, het Adams besluit om al die boomgom in die dorp se rivier te smyt. Voor hy die daad by die woord gevoeg het, het hy by die dorpswinkel gestop en gesien 'n meisie koop vir haar parrafienwaskougom. Net daar het hy 'n blink plan gekry. Die sapodillaboomgom – waaraan die Mexikane al eeue lank kou – sou die perfekte kougom maak.

Voordat sapodillagom algemeen beskikbaar was, het kougom aaklig geproe en ná 'n kort rukkie verkrummel.

Produksielyn

Adams en sy seun Tom het aan die werk gespring. Hulle het die sapodillagom na kougomlekkers verwerk, die lekkers in helder papier toegedraai en dit by plaaslike lekkergoedwinkels gaan smous. Dit was so gewild dat hulle voorraad binne dae uitverkoop was.

Adams het spoedig sy kougommasjien gepatenteer en 'n kougomfabriek oopgemaak. Kort voor lank kon 'n mens sy kougom selfs by muntoutomate koop. Die sapodillakougom was 'n reusesukses, want dit was gladder en taaier as die meeste ander soorte kougom. 'n Mens kon ook geurmiddels byvoeg vir smake soos peperment en vrugteslaai.

'n Pakkie Adams New York No. 1 kougom – een van Thomas Adams se heel eerste produkte. Dié produk se verkoopslagspreuk was *snapping and stretching* (wat in Afrikaans seker vertaal kan word as "kou dat dit klap").

Kougom versprei oor die wêreld

Vandag kou mense reg oor die wêreld kougom. Ook borrelgom is baie gewild – ekstra taai kougom wat in 1928 deur Walter Diemer uitgevind is. Om die waarheid te sê kou soveel mense deesdae kougom dat masjiene ontwerp moes word om al die gekoude, uitgespoegde gemors van die strate af te verwyder!

Het jy geweet?
'n Amerikaanse tandarts, ene William Finlay Semple, het op min of meer dieselfde tyd as Adams ook 'n soort kougom ontdek. Hy het dit spesifiek ontwerp om tande skoon te hou en die kakebeenspiere oefening te gee. Dit was egter van kliopharde rubber gemaak – en nie juis 'n sukses nie.

"Aa" VIR AARTAPPELSKYFIES!

Aartappelskyfies is die uitvinding van George Crum. Crum, 'n sjef by 'n baie deftige restaurant, het skyfies ontdek danksy 'n moeilike kliënt se gekla.

Waarom ís skyfies so lekker?

Omdat mense in die oertyd liggaamsvet moes berg om hulle deur die winter aan die lewe te hou, is ons liggame steeds geprogrammeer met 'n drang na vetterige kos.

Skyfies word gemaak deur aartappels baie dun te sny en dan in olie te bak. Die relatiewe groot oppervlak van 'n dun skyfie maak dat dit heelwat olie kan absorbeer – en die resultaat is 'n bros, olierige happie waaroor meeste mense gaande is. Ongelukkig is daar soveel vet in skyfies dat dit nie baie goed is vir mens se gesondheid nie.

Maak reg hierdie skyfies!

In die 1850's was die Moon Lake Lodge in Saratoga Springs in die Amerikaanse staat New York een van die rykes se topeetplekke. Een van dié smulpape was Cornelius Vanderbilt, 'n bekende spoorwegmiljoenêr. Tydens 'n besoek aan die restaurant in 1853 het Vanderbilt vir hom skyfies bestel – maar toe die bord voor hom neergesit word, het hy niks daarvan gehou nie. Hy het die bord teruggestuur kombuis toe, en gekla dat die skyfies heeltemal te sag en te dik was. Sy skyfies moes dunner en brosser wees.

Met plesier, Meneer!

In die kombuis het die sjef, George Crum, spesiaal vir Vanderbilt dunner, brosser skyfies aanmekaargeslaan. Maar Vanderbilt het die bord weer teruggestuur – en beweer die skyfies is steeds nie dun genoeg nie.

Hierdie keer het Crum hom sommer vererg. Om die ou klakous 'n les te leer, het hy 'n paar aartappels so dun moontlik gesny, dit heeltemal te lank in olie gebak totdat dit bruin en bros was, en sout bo-oor gestrooi.

En raai wat gebeur? Vanderbilt was gaande daaroor en het dadelik nog bestel! Die nuus van Crum se uitvinding het soos 'n veldbrand versprei – en kort voor lank was sy superdun skyfies die restaurant se spesialiteitsgereg.

Skyfies saam met alles

Aanvanklik is Crum se "Saratoga Skyfies" as deel van 'n hoofgereg bedien. Toe Crum sy eie restaurant begin, het hy altyd 'n mandjie skyfies as versnapering op die tafel gesit. Aan die begin is hierdie skyfies in fabrieke gemaak en in handige blikkies of bakkies verkoop. Dit het 'n versnapering geword wat mense enige tyd en op enige plek kon geniet.

Skyfies in sakkies

Die skyfiesakkie is in 1926 deur die skyfiefabriekeienaar Laura Scudder ontdek. Sy het agtergekom dat skyfies uit 'n blikkie of bakkie gou oud word – daarom het sy sakkies uit waspapier begin maak, wat sy met 'n warm yster toegestryk het.

Skyfiesakkies word vandag nog volgens dieselfde basiese ontwerp gemaak – hoewel plastiek in pleks van waspapier gebruik word.

Toets 'n Tayto

Aan die begin was skyfies ongegeur, en verkoop saam met 'n sakkie sout om bo-oor te strooi. Gegeurde skyfies het nie bestaan nie – tot 1954, toe Joe Murphy, die eienaar van die Tayto® skyfiefabriek in Ierland gegeurde skyfies begin vervaardig het. Die eerste skyfiegeure wat Murphy gemaak het, was sout en asyn en kaas en uie – wat vandag steeds gewild is. Murphy se idee het die skyfie-industrie totaal omvorm en vandag is gegeurde skyfies die norm. 'n Mens kan honderde verskillende soorte koop – van brandrissie-, braaihoender- en biltong- tot garnaal- en tamatiesous-geur.

Reg of weg!
Laura Scudder het nie net skyfiesakkies uitgevind nie maar ook die vervaldatums op verpakkings. Sy was die eerste vervaardiger wat verkoop-teen-datums op haar produkte aangebring het, sodat mense kon seker maak wat hulle koop, is vars.

Sprinkel-bietjie-sout-skyfies

SKOTTELGOED WAS

Daar's waarskynlik min ander uitvindings wat so gewaardeer word soos die skottelgoedwasser – wat 'n mens die moeite van skottelgoed was spaar. Aangesien dit meestal vroue is wat skottelgoed moet was, is dit nie verbasend nie dat 'n vrou dié wonderbaarlike masjien ontdek het.

'n Vroeë poging

Teen die 1880's het heelwat mense al die droom van 'n skottelgoedwasser probeer verwesenlik. Die Amerikaanse uitvinder Joel Houghton was een van hulle en het in 1850 die heel eerste skottelgoedwasserontwerp gepatenteer - meer as 30 jaar voor Cochran. Houghton se skottelgoedwasser is uit hout gemaak en het deur middel van 'n slinger wat met die hand gedraai is, water op die skottelgoed gespat. Die haakplek was egter dat dit nie die skottelgoed skoon gekry het nie.

Sonde met vuil borde

Josephine Cochran was 'n skatryk sosiale vlinder wat in die vroeë 1880's in Illinois in die VSA gewoon het. Met baie bediendes was dit nie regtig vir haar nodig om self haar skottelgoed te was nie – maar sy het, omdat sy moeg daarvoor was dat haar traak-my-nieagtige bediendes gedurig van haar kosbare borde en koppies laat breek.

Soos almal van ons het Josephine dit nietemin gehaat om skottelgoed te was. Dit het ure geneem en haar hande laat verrimpel – en sy't gewens daar was 'n masjien wat dit vir haar kon doen. Uiteindelik het sy verklaar:

Spring aan die werk

Josephine het heelwat van ingenieurswese geweet, danksy haar pa John Garis, 'n bekende bouer, en haar oupa John Fitch, 'n uitvinder. Sy het 'n werkswinkel in haar agterplaas ingerig – en begin eksperimenteer. Toe haar man in 1883 oorlede is, het sy heelwat van haar rykdom verloor en nog harder begin werk. Uiteindelik het sy met die volmaakte skottelgoedwasserontwerp vorendag gekom …

Só werk dit

Josephine Cochran se skottelgoedwasser het só gewerk: Warm seepwater (wat in 'n stookketel warmgemaak is) is oor die vuil skottelgoed gespuit. Dan is dit met skoon water afgespoel. Die skottelgoed is op 'n draadrakkie gepak.

Cochran se handskottelgoedwasser vir tuisgebruik

Josephine het twee modelle skottelgoedwassers ontwerp: 'n kleintjie vir tuisgebruik, wat met die hand aangedryf is, en 'n groot stoomaangedrewe model, ideaal vir restaurante en hotelle.

'n Nuwe loopbaan

Josephine het haar uitvinding in 1886 gepatenteer en dit in 1893 by die Chicago Wêreldskou ('n reusagtige wetenskap- en kultuurskou) uitgestal – waar dit 'n toekenning ontvang het. Sy het 'n skottelgoedwasser-besigheid begin en haar toestelle aan 'n klomp hotelle en restaurante verkoop. Haar maatskappy, Cochran's Crescent Washing Machine Company, is later na KitchenAid® herdoop – en bestaan vandag nog.

Omdat skottelgoedwassers so duur was, het dit nie regtig op huishoudelike skaal aandag getrek nie, tot en met die 1950's, lank ná Cochran se dood. Vandag is skottelgoedwassers egter oral – en werk dit in beginsel steeds op dieselfde manier as Cochran se oorspronklike ontwerp.

Het jy geweet?
Sommige moderne huishoudelike toestelle gebruik soveel energie dat dit in baie gevalle minder van 'n vermorsing sou wees om die werk met die hand te doen. Skottelgoedwassers is egter anders: Party moderne skottelgoedwassers gebruik minder warm water en energie as wat handwas sou verg – mits die masjien vol gepak is!

Eenvoudige stokkiesbesems is meer as 4000 jaar gelede ontdek.

STOFSUIG

Voordat daar stofsuiers was, was daar twee maniere om matte skoon te kry: óf met 'n besem vee, óf met 'n stok uitklop. Beide metodes het verstikkende stofwolke tot gevolg gehad.

Hess se suigbesem

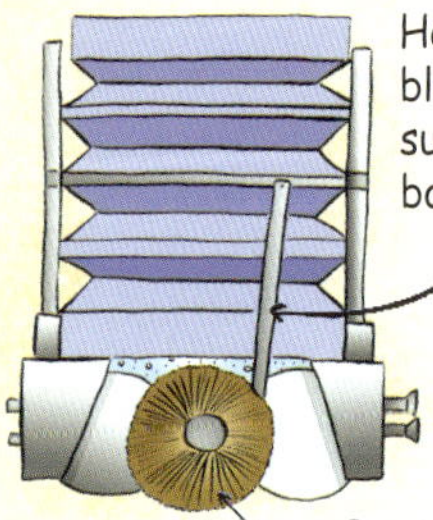

Suig dit op

'n Stofsuier ("vacuum cleaner" in Engels) gebruik 'n vakuum – 'n leë ruimte – om suigkrag te skep wat stof en vuiligheid kan intrek. Hierdie idee dateer uit 1860, toe die Amerikaanse uitvinder Daniel Hess 'n matveër ontwerp het met blaasbalke wat kon oplig om 'n vakuum daaronder te skep. In 1869 het nog 'n Amerikaner, Ives McGaffey, die handgedrewe Whirlwind-skoonmaaktoestel uitgedink – wat 'n waaier gebruik het om stof in te suig. Ongelukkig het nie een van hierdie twee uitvindings die paal gehaal nie.

Booth se groot deurbraak

Die Engelse ingenieur Hubert Cecil Booth word in die algemeen as die ware uitvinder van die stofsuier beskou. Die toestel wat hy in 1901 ontdek het, het met olie gewerk en met 'n motorpomp suigkrag geskep. Dit was so groot dat dit met 'n perdewaentjie van huis tot huis gesleep moes word. Booth se assistente het dan lang pype deur die huise se vensters gesteek en daarmee stof uit die huise gesuig.

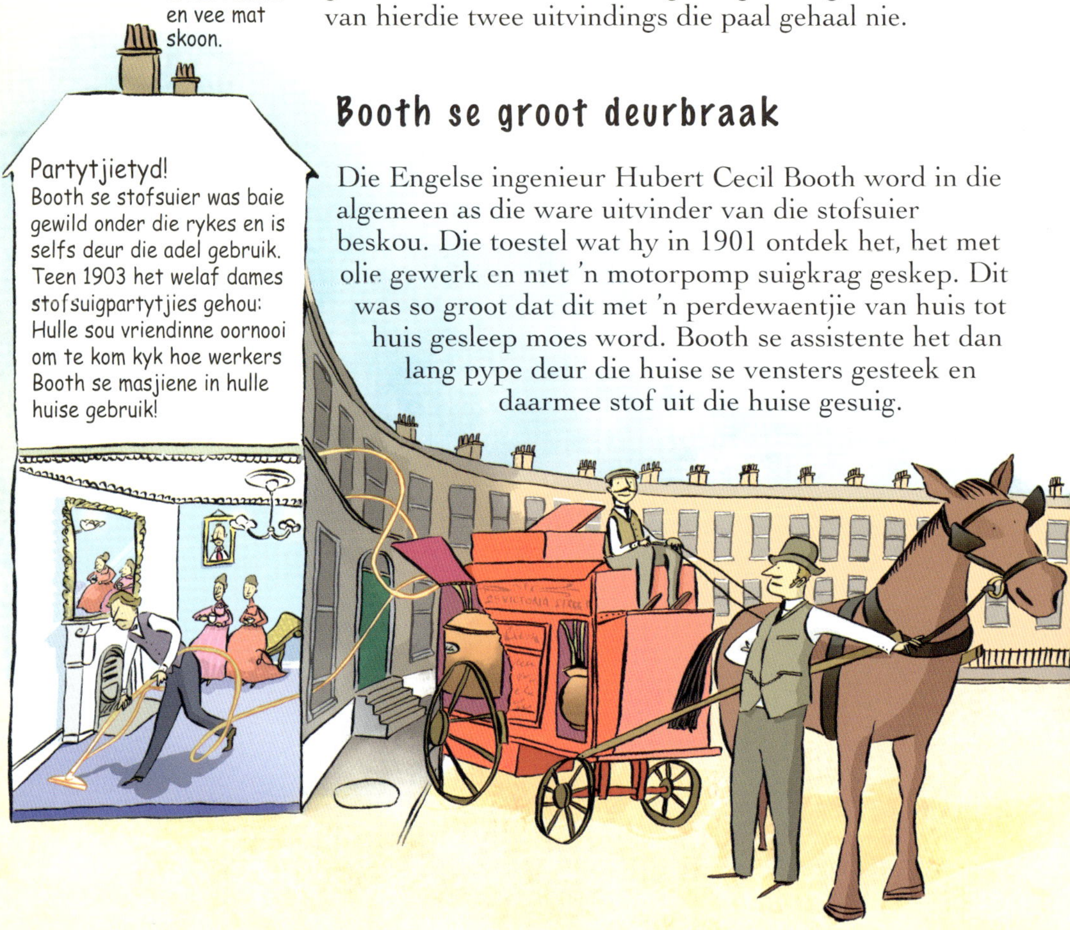

Partytjietyd!
Booth se stofsuier was baie gewild onder die rykes en is selfs deur die adel gebruik. Teen 1903 het welaf dames stofsuigpartytjies gehou: Hulle sou vriendinne oornooi om te kom kyk hoe werkers Booth se masjiene in hulle huise gebruik!

Hoover met die hand

Booth se stofsuier was so 'n sukses dat ander maatskappye gou soortgelyke toestelle begin vervaardig het. Verskeie uitvinders het met ontwerpe vir kleiner stofsuiers vorendag gekom, maar dit was die Amerikaanse geboueopsigter James Spangler wat uiteindelik die deurbraak gemaak het. Hy was so siek en sat van al die stof wat hom laat hoes het wanneer hy skoonmaak, dat hy in 1907 sy eie stofsuier gebou het. Dit is uit 'n elektriese waaier, 'n houtkrat, 'n besemstok en 'n kussingsloop gemaak.

Spangler het sy ontwerp aan sy niggie se man, William Hoover, verkoop – en hy en Spangler het saam 'n stofsuierbesigheid begin. Hierdie eenvoudige, liggewigontwerp was 'n treffer – en die Hoover®-maatskappy het miljoene daarvan verkoop – met die gevolg dat huishoudelike stofsuiers in sommige lande algemeen "hoovers" genoem word.

Spangler se eerste ontwerp was baie eenvoudig, maar het nogtans goed gewerk.

Een van die eerste Hoovers op die mark, die Model O.

Steeds aan die skaaf

Hoewel die stofsuier meer as honderd jaar gelede ontdek is, is mense nog lank nie klaar met ontwerp nie. Nuwe stofsuiers word aanhoudend uitgevind.

In 1978 het die Britse uitvinder James Dyson die sikloonstofsuier ontwerp, wat geen stofsak het nie en met 'n tollende keël die stof en lug van mekaar skei. Teen die middel 1990's het verkope van sikloonstofsuiers dié van gewone stofsuiers verbygesteek.

In 2000 het verskeie maatskappye robotstofsuiers bekendgestel. Dié stofsuiers beweeg vanself deur die huis en maak skoon so ver as wat hulle gaan.

Wat is in stof?

Vroeër het stofsuierverkopers mense graag probeer oortuig om stofsuiers te koop deur hulle allerhande grusame feite oor huishoudelike stof mee te deel. Die volgende kan in een teelepel stof voorkom ...

- 5 miljoen stukkies dooie vel
- 10 000 stofmyte
- Honderde troeteldierhare
- Insekbene en -oë en ander goggastukkies
- Miljoene bakterieë en stuifmeelkorreltjies

WONDERBAARLIKE MIKROGOLWE

Jy sit jou springmielies, pizza of 'n lekker groot aartappel in die mikrogolf en ná 'n paar minute – pieng! – is dit reg om te eet. Met mikrogolfoonde kan ons kos vinniger as ooit kook of warm maak.

Die elektromagnetiese spektrum
Elektromagnetiese golwe kom in 'n hele reeks (of spektrum) golflengtes voor, soos hierdie diagram toon.

Die lengte van 'n golf word gemeet van een golfkruin (toppunt) na die volgende.

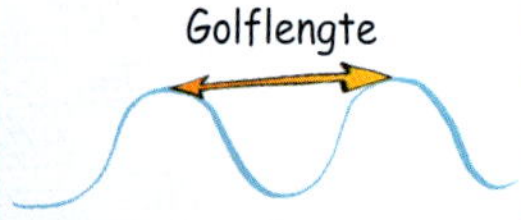

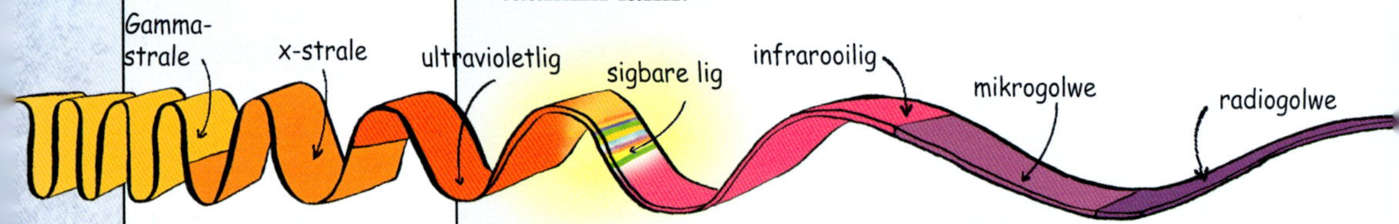

Die kortste elektromagnetiese golwe is korter as die breedte van 'n enkele atoom.

Sigbare lig bestaan uit elektromagnetiese golwe wat met die blote oog gesien kan word. 'n Mens kan nie mikrogolwe sien nie.

Mikrogolwe het 'n golflengte van tussen 1 mm en 30 cm.

Die langste elektromagnetiese golwe is kilometers lank.

Wat is mikrogolwe?

Mikrogolwe is 'n soort elektromagnetiese golf – soos liggolwe, radiogolwe en x-strale. Elektromagnetiese golwe het verskillende golflengtes. Só is radiogolwe byvoorbeeld lank terwyl x-strale baie kort is. Mikrogolwe, ten spyte van die benaming "mikro", is taamlik lank.

Radar werk deur middel van mikrogolwe wat van voorwerpe af teruggebons word. Dit kan gebruik word om bewegende vliegtuie op te spoor.

Die Magnetron

Tydens die Tweede Wêreldoorlog het twee Britse wetenskaplikes, John Randall en Henry Boot, die magnetron ontwerp – 'n toestel wat mikrogolwe uitstraal vir gebruik in radartoerusting. 'n Amerikaanse maatskappy met die naam Raytheon het dié magnetrons vervaardig. Op 'n dag in 1945 was een van Raytheon se wetenskaplikes, Percy Spencer, naby 'n magnetron aan die werk toe hy skielik iets snaaks en warm voel. 'n Sjokoladestafie in sy sak het heeltemal gesmelt!

Morsige eksperimente

Percy het gewonder waar die hitte wat sy sjokolade gesmelt het vandaan kon kom. Om te probeer uitvind, het hy die magnetron verder op die proef gestel – en springmieliepitte laboratorium toe gebring. Toe hy dit naby die magnetron neersit, het die mieliepitte gespring.

Hierna het hy 'n eier in 'n ysterpotjie gesit en 'n helder straal mikrogolwe daarop laat skyn. Die eier het begin rittel soos dit vinnig van binne af warm geword het. Net toe een van Percy se kollegas die eier van nader wou bekyk … KABOEM! … het dit reg in sy gesig ontplof!

Mikrogolwe laat kos kook deur waterdeeltjies in die kos te laat vibreer. Die vibrerende deeltjies skaaf teen mekaar en hierdie geskaaf, of wrywing, veroorsaak hitte. Anders as korter elektromagnetiese golwe (soos gammastrale), is mikrogolwe nie radioaktief nie. Daarom is dit nie skadelik vir mense nie en doen dit niks gevaarliks aan kos nie.

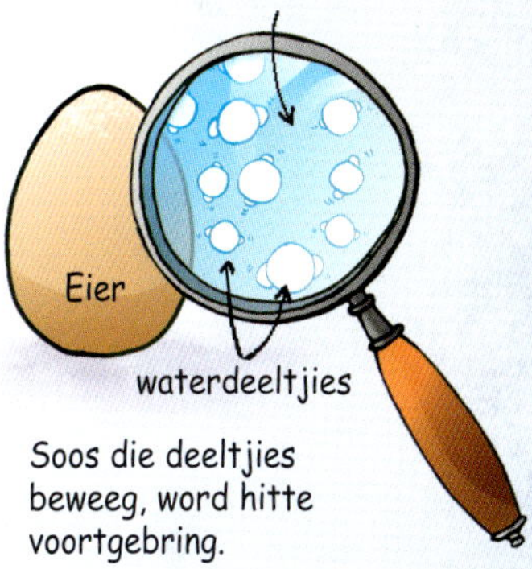

Kom ons kook!

Percy Spencer het gou 'n behoorlik werkende mikrogolfoond ontwerp en sy maatskappy, Rayhtheon, het dit begin vervaardig. Die eerste model, die 1161 Radarange was te groot om tuis te gebruik – dit was byna 2 m hoog en het soveel soos 4 mans geweeg! Maar dit was uiters nuttig vir gebruik in restaurante en hotelle.

In 1967 het Raytheon 'n klein mikrogolfoond vir tuisgebruik bekendgestel. Aanvanklik was baie mense bang vir mikrogolwe, omdat hulle gedink het dit kan dalk lek of giftig wees. Maar mettertyd het hulle besef dit doen geen kwaad nie en mikrogolfoonde het baie gewild geword. Deesdae is daar in omtrent elke huis een.

IN DIE DREIN AF!

Hoe meer mense daar in die wêreld is, hoe meer toilette is nodig om al ons uitskeidings te verwyder. Spoeltoilette is 'n noodsaaklike, alledaagse uitvinding. Probeer jou die lewe daarsonder voorstel ...

Romeinse openbare toilette

Water het met hierdie kanaal langs in 'n drein gevloei.

Antieke toilette

Die eerste eenvoudige spoeltoilette dateer reeds van duisende jare gelede. Die inwoners van die antieke Indiese stad Harappa en ook antieke Griekse Minoane het 4000 jaar gelede oor binnenshuise toilette beskik. Hierdie toilette, wat aan 'n ondergrondse dreinstelsel gekoppel was, is met 'n beker water of met die natuurlike vloei van 'n stroompie gespoel. Die Romeine het openbare toiletblokke gehad, met rye gate om op te sit. Water het in 'n kanaal daaronder gevloei om alles weg te spoel.

500 jaar gelede sou 'n kamerpot soos dié jou toilet gewees het.

Die koninklike troon

Hoewel antieke mense die moeite gedoen het om behoorlike toilette te ontwerp, het hulle uitvindings mettertyd in onbruik verval. In die Middeleeue het die meeste mense kamerpotte gebruik en dit in die straat uitgegooi. Gagga!

Toe, in 1596, het sir John Harington, 'n peetkind van koningin Elizabeth I van Engeland, die eerste moderne spoeltoilet ontwerp. Ongelukkig het hy net twee gebou: een vir homself, en een vir die koningin.

John Harington se toilet het 'n watertenk of -bak gehad – baie soos 'n moderne toilet.

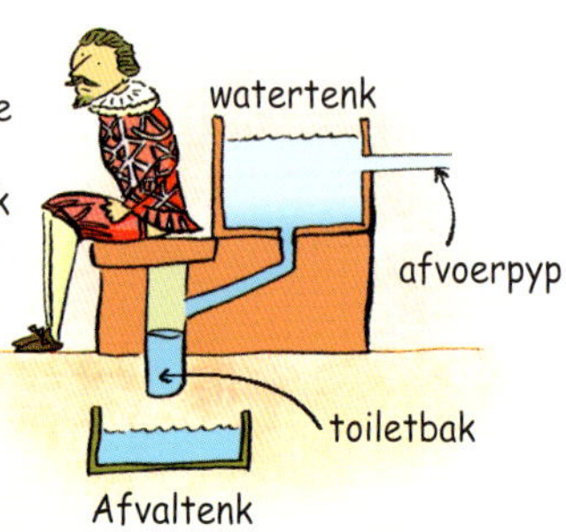

Woerts om die hoekie

Ná Harington het daar, tot 1775, nie veel op die toiletfront gebeur nie. Dis toe dat die Engelse horlosiemaker Alexander Cummings 'n toilet met 'n briljante nuwe kenmerk ontwerp het: die s-pyp. Vóór hierdie ontdekking het afval reguit ondertoe geval in 'n riooltenk of -kanaal – en goor reuke kon maklik weer boontoe dryf.

Die s-pyp is 'n gebuigde pyp om skoon water in op te vang, wat die toilet verseël teen die riooltenk se onaangename reuke.

Dít het toilette die nodige hupstoot gegee en uitvinders het met allerlei verbeterde weergawes vorendag gekom – hoewel moderne toilette steeds dieselfde basiese ontwerp het, met 'n watertenk en 'n s-pyp.

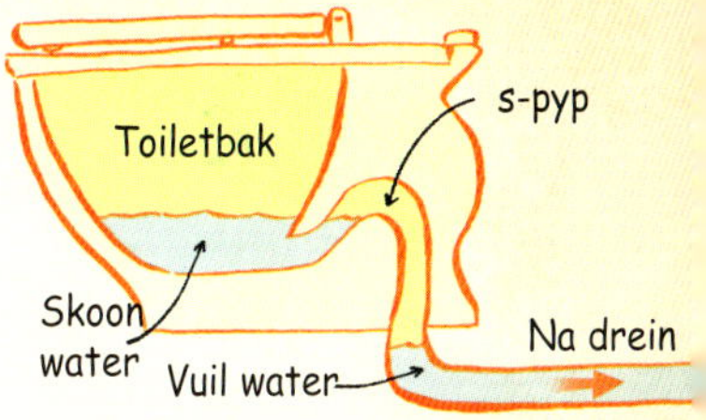

Wanneer die toilet gespoel word, word 'n bietjie water in die s-pyp en in die toiletbak opgevang en só van die drein afgesluit. Die s-pyp is eenvoudig 'n s-vormige kurwe in die afvoerpyp (hewelpyp) wat uit die toiletbak uit loop.

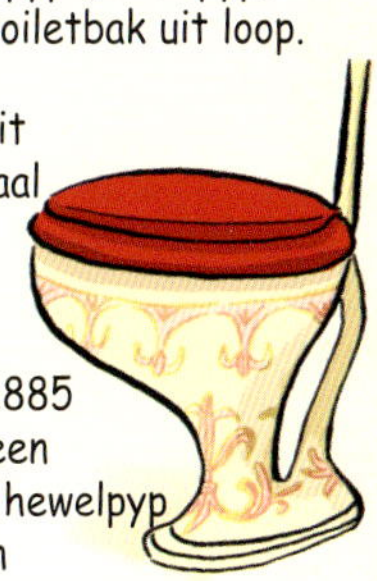

Toilette is uit hout of metaal gemaak totdat Thomas Twyford in 1885 die alles-in-een toiletbak en hewelpyp van porselein ontwerp het.

Vuilgoed en siekte

In die 1800's het wetenskaplikes tot die insig gekom dat kieme in menslike afval siektes kan versprei. Regerings het gou rioleringstelsels begin bou en oral toilette laat insit, sodat kieme weggespoel kon word.

Toiletpapier

Mense het al allerlei dinge vir toiletpapier gebruik – blare, gras, mieliestronke, sponse en koerantpapier. Die eerste doelgemaakte toiletpapier is in 1857 in die VSA uitgevind deur Joseph C. Gayetty. Dié papier is met aalwynjellie versag en Gayetty se naam is op elke velletjie gedruk.

En wat van Crapper?

Baie mense verkeer onder die indruk dat 'n man met die naam Thomas Crapper die vader van die spoeltoilet is. Dit is nie waar nie. Crapper was 'n ryk Britse sakeman wat in die laat 1800's toilette aan die rykes en beroemdes voorsien het. Sy besigheidsbrosjures het die indruk geskep dat hy die toilet ontwerp het – maar in der waarheid het hy maar net 'n paar klein verbeterings aan die ontwerp gedoen.

Pratende potte

Deesdae het sommige toilette ingeboude luidsprekers – wat jou in die badkamer verwelkom, jou herinner om jou hande te was of vir jou musiek speel.

Toiletpapier is vir die eerste keer op 'n rol verkoop in 1880.

HELDER OOMBLIKKE

Wanneer dit te donker is om te lees, druk jy net 'n skakelaar en lig vul die vertrek – danksy die gloeilamp. Hierdie briljante uitvinding het egter jare geneem om te vervolmaak.

Davy het ontdek dat 'n strokie platinum begin gloei wanneer 'n elektriese stroom daardeur gelei word.

Die eerste elektriese ligte

Die Engelse wetenskaplike Humphry Davy het in 1801 die eerste elektriese gloeilamp gemaak. Deur elektrisiteit deur 'n strokie platinum te gelei, het hy die platinumstrokie laat gloei. Dié uitvinding was egter nie prakties nie, aangesien die platinumstrokie baie vinnig weggebrand het. Platinum is ook baie duur. In 1809 het Davy nog 'n soort elektriese lig uitgevind – die booglamp – waarmee hy 'n elektriese stroom oor 'n gaping in 'n stroombaan laat spring het, en só die lug in die gaping laat gloei het. Booglampe het gewerk – maar omdat dit lomp en warm was en boonop 'n slegte reuk veroorsaak het, kon dit nie in huise gebruik word nie.

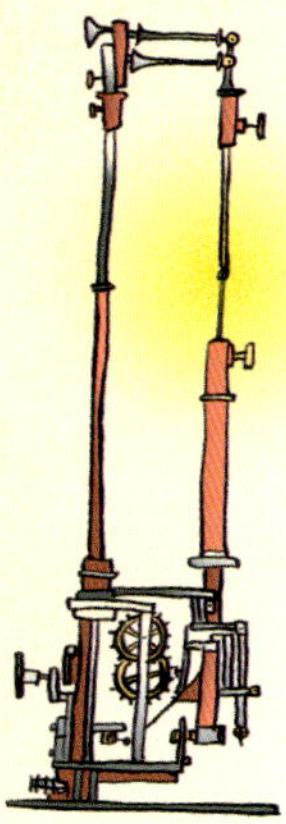

'n Booglamp maak lig wanneer elektrisiteit oor 'n nou gaping in 'n elektriese stroom spring.

Jare lank het uitvinders met 'n klein, volhoubare elektriese lig vorendag probeer kom. Baie mense beweer dat die eerste gloeilamp in 1854 deur die Duitse uitvinder Heinrich Göbel ontdek is. Dié gloeilamp is egter nooit vir huishoudelike gebruik aangepas nie.

Heinrich Göbel

Die gloeilamp wat Heinrich Göbel in 1854 ontwerp het, het al die noodsaaklike elemente van 'n moderne gloeilamp bevat en kon 400 uur lank brand.

> **Waarom 'n gloeilamp?**
> 'n Gloeilamp het 'n lyntjie of gloeidraadjie wat lig uitstraal wanneer die elektriese stroom daardeur vloei. Wanneer die gloeidraadjie aan lug blootgestel word, brand dit vinnig weg. Dit hou dus langer wanneer dit deur ander gasse of 'n vakuum ('n leë ruimte) omring word. Om lug weg van die gloeidraadjie te hou, word dit dus in 'n verseëlde glasbol geplaas.

Uiteindelik het twee uitvinders aan weerskante van die Atlantiese Oseaan resies gejaag om te sien wie eerste sy gloeilampontwerp na Jan Publiek toe kan bring.

Swan en Edison het met baie soortgelyke gloeilamp-ontwerpe vorendag gekom.

Swan versus Edison

Teen ongeveer 1850 het die Engelse wetenskaplike Joseph Swan aan sy gloeilamp begin werk. Hiervoor het hy 'n gloeidraadjie van gekarboniseerde gare binne-in 'n vakuumgevulde glasbol gebruik. Dit het hom egter jare geneem om 'n werklik goeie vakuum in die glasbol te skep. In 1878 kon Swan uiteindelik sy gloeilamp patenteer en in die openbaar demonstreer.

In dieselfde jaar het die groot Amerikaanse uitvinder Thomas Edison ook aan 'n gloeilamp begin werskaf. Hy het met 'n soortgelyke ontwerp as dié van Swan vorendag gekom en dit in 1879 in Amerika gepatenteer.

New York was een van die eerste stede wat deur gloeilampe verlig is.

Lig vir die wêreld

In 1880 het Edison 'n stoomskip, die Columbia, van elektriese lig voorsien en in 1881 het hy elektriese lig aan geboue in die stad New York begin verskaf. In Brittanje het Swan op sy beurt in 1881 elektriese lig aan die Britse parlementsgebou in Londen voorsien, en in 1882 aan die British Museum.

Aanvanklik het Edison en Swan gestry oor wie se uitvinding die gloeilamp nou eintlik was. In 1882 het hulle egter die besigheidswêreld saam betree en die Edison & Swan United Company gestig om gloeilampe te vervaardig en te verkoop.

'n Tradisionele gloeilamp

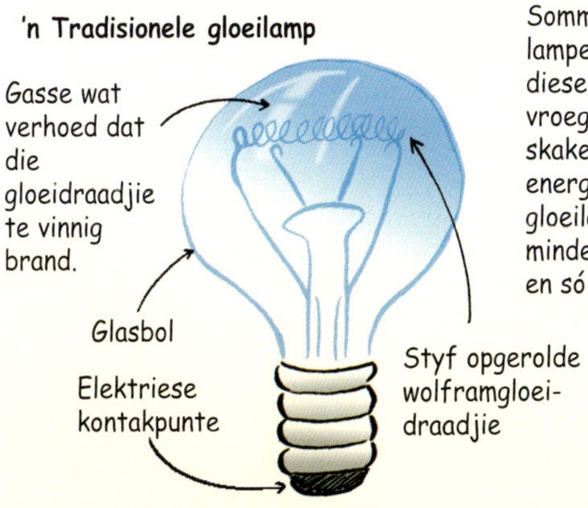

Sommige moderne gloeilampe werk nog op presies dieselfde manier as die vroegstes. Heelwat mense skakel egter deesdae na energiebesparende gloeilampe oor, wat minder hitte uitstraal en só energie spaar.

Fluoorgloeilampe

Nog 'n soort gloeilamp is die fluoorgloeilamp wat in 1926 deur die Duitse uitvinder Edmund Germer vervolmaak is. 'n Fluoorgloeilamp bestaan uit 'n glasbuisie gevul met gasse wat ultravioletlig (UV-lig) uitstraal wanneer elektrisiteit daardeur vloei. Alhoewel ultravioletlig onsigbaar is, is die glasbuisie met 'n fluoorlagie bedek wat gloei wanneer die UV-lig daarop val. Moderne lae-energiegloeilampe werk op hierdie manier.

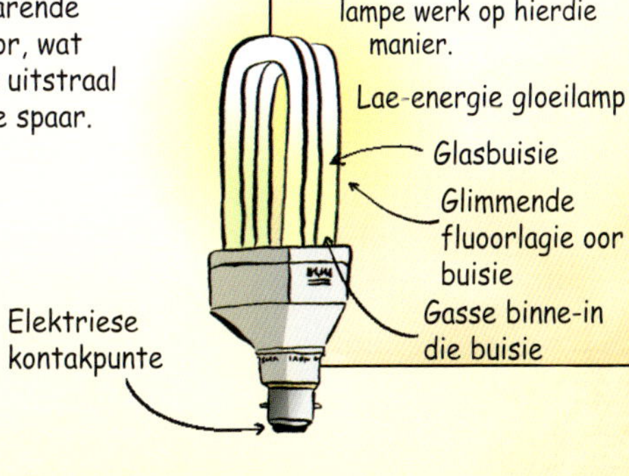

BELIGTING
DEUR DIE EEUE HEEN

Een van die mens se eerste ontdekkings was om lig te skep vir wanneer die son en die maan nie skyn nie.

400 000 jaar gelede

400 000 jaar gelede het mense die eerste eenvoudige fakkels ontdek. Dié is gemaak deur bondels stokkies saam te bind en die een punt aan die brand te steek.

In die proses om dierlike en plantaardige materiaal gaar te maak vir voedsel, het mense agtergekom dat olies goed brand.

Hulle het droë mos in visolie, plantolie of diervet geweek en dit dan in 'n uitgeholde klip gesit en aan die brand gesteek.

3000 v.C. Kleilamp

Die antieke Grieke het kleilampe met toe oliehouers en 'n gaatjie vir die pit ontwikkel.

Toutjies van plantmateriaal soos vlas of katoen is vir pitte gebruik.

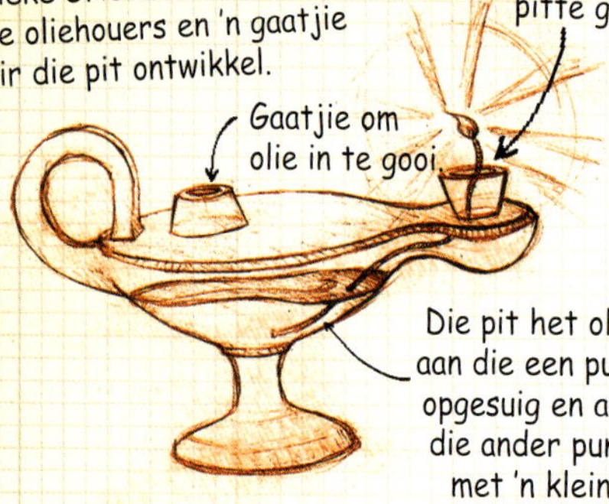

Die pit het olie aan die een punt opgesuig en aan die ander punt met 'n klein vlammetjie gebrand.

3000 v.C. Kerse

Die eerste kerse is in Egipte en op die Griekse eiland Kreta gemaak.

Ongeveer 100 v.C.

Visolielamp

Indiane het 'n soort olierige vis, die kersvis (*Thaleichthys pacificus*), as lampies gebruik.

1780 Argand-lamp

In die 1780's het die Switserse chemikus Aimé Argand eenvoudige olielampe verbeter deur drie dinge by te voeg ...

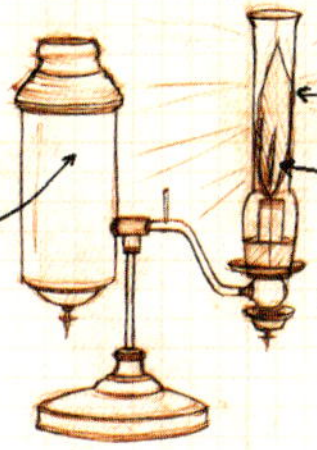

... wat gesorg het dat sy "Argand-lamp" baie helderder gebrand het as 'n basiese olielamp.

1792 Gasbeligting

Gasbeligting dateer uit 1792, toe die Skotse uitvinder William Murdoch dit gebruik het om sy huis te verlig.

Sommer gou is gas gebruik om hele geboue en stede te verlig.

'n Lampopsteker sou elke aand die gaslampe opsteek, en dit weer elke oggend uitdoof.

1809 Elektriese lig

Die eerste elektriese lig was die booglig wat in 1809 deur die Britse uitvinder Humphry Davy ontdek is.

'n Elektriese stroom is oor 'n gaping in 'n stroombaan geforseer, wat 'n gloeiende strook of "boog" lig veroorsaak het.

Nadat gloeilampe in die 1870's gepatenteer is, het elektriese beligting die wêreld oorgeneem.

1965

LED's of ligemissiediodes is in 1965 uitgevind. Hierdie piepklein, lae-energie, langleweliggies straal gekleurde lig uit.

Selfoon

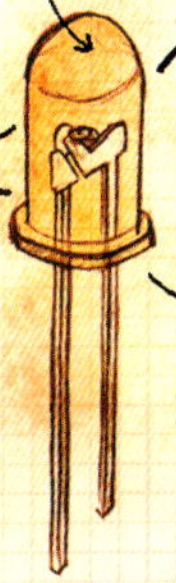

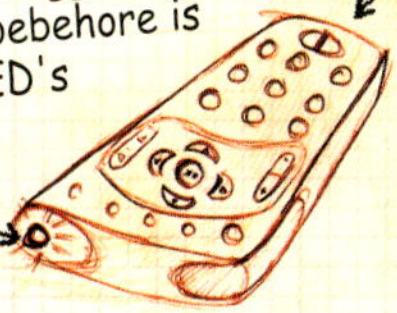

Die flikkerende liggies op elektroniese toebehore is alles LED's

TV-afstandbeheer

LED's word uit halfgeleiers gemaak – spesiale metale wat gekleurde lig uitstraal wanneer elektrisiteit daardeur vloei.

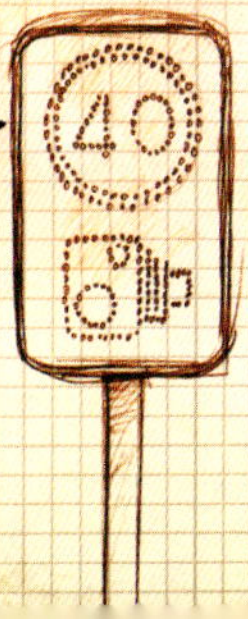

Sommige padtekens en verkeersligte word ook van LED's gemaak.

Ons het deesdae baie verskillende soorte lig, onder andere flitse wat met batterye werk.

Die woord "telefoon" - van die Grieks vir "klank uit die verte" - het voor Bell se uitvinding reeds bestaan. Tot 1876 het dit enige klank beteken wat oor 'n lang afstand getrek het, soos dié van 'n mishoring.

DIE UITVINDING VAN DIE TELEFOON

Alexander Graham Bell is bekend as die uitvinder van die telefoon. In werklikheid het verskeie uitvinders met soortgelyke idees vorendag gekom, maar Bell s'n was die eerste behoorlik werkende telefoon wat volledig gepatenteer is.

Die draad van die storie

In die 1870's in Boston in die VSA was die Skots gebore uitvinder Alexander Graham Bell druk besig om die telegraaf te verbeter. Die telegraaf was 'n uitvinding wat via elektriese kabels gekodeerde boodskappe oor 'n lang afstand in die vorm van elektroniese seine kon oordra. Bell het gehoop hy sou 'n manier vind om 'n hele klomp seine gelyktydig te stuur. In 1874 het sy eksperimente egter 'n ander idee by hom laat posvat: Hy het ontdek dat dit dalk vir hom moontlik sal wees om die menslike stem na 'n elektroniese sein om te skakel en dít dan via elektriese kabels te versend.

Bell en sy assistent, Thomas Watson, het vir maande in die geheim aan hierdie idee gewerk. Teen die somer van 1875 het hulle dit reggekry om gedempte klanke deur 'n elektriese kabel te stuur.

Alexander Graham Bell bestudeer die eerste telefoon saam met sy assistent, Thomas Watson.

Patentresies

Bell se telefoon kon spraak nog nie heeltemal duidelik oordra nie – maar op 14 Februarie 1876 het hy nietemin 'n patentaansoek ingedien. Op dieselfde dag, twee ure vantevore, het nog 'n uitvinder, Elisha Gray, 'n "voorbehoud" by dieselfde kantoor ingedien: 'n nota dat hy van voorneme was om 'n patent te registreer vir sy eie telefoonontwerp. Bell se papierwerk is egter eerste hanteer en hy het eerste in die register verskyn. Gray het later protes aangeteken teen Bell se patent – maar Bell het die saak gewen. Daarom het hy ook as die uitvinder van die telefoon bekend geword.

Heelwat uitvinders het ongeveer dieselfde tyd aan telefoonontwerpe gewerk. Johann Phillip Reis se telefoon, wat hy in 1860 ontwerp het, se klank was byvoorbeeld baie gedemp - maar dit het wel klank oorgedra.

Bell se telefoon

Wat die werking van die telefoon betref, lê die spreekwoordelike kinkel in die kabel daarin dat die gevarieerde klanke van gesproke taal na 'n elektriese wisselstroom omgeskakel moet word. Dit is hoe Bell dit gedoen het:

"Kom hier, Watson!"

Bell het sy telefoon aanhou verbeter, tot dit goed gewerk het. Op 10 Maart 1876, terwyl Thomas Watson die gehoorstuk in die vertrek langsaan getoets het, het Bell sy beroemde eerste oproep gemaak: "Mnr. Watson, kom seblief hier, ek wil jou sien."

Fone vandag

Landlyntelefone werk vandag steeds presies soos Bell se telefoon, deur klankvibrasie na 'n elektriese wisselstroom om te skakel – hoewel moderne elektroniese onderdele vandag in die plek van suur en 'n naald gebruik word. Meer en meer mense gebruik egter deesdae selfone – wat op 'n heeltemal ander manier werk: deur middel van radiogolwe.

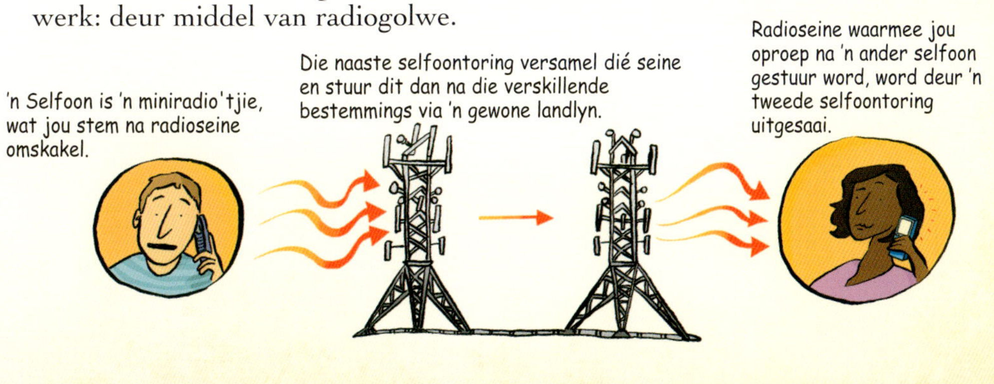

KLANKOPNAMES

Wat is klank?
Klank ontstaan wanneer 'n voorwerp vibreer (baie vinnig heen en weer beweeg). Wanneer jy byvoorbeeld op 'n trom slaan, vibreer die trom, wat lugdeeltjies ook laat vibreer. Hierdie vibrasies versprei as klankgolwe deur die lug en word só deur ons ore waargeneem.

As jy vandag musiek wil luister, sit jy net 'n CD op, of skakel jou MP3-speler aan. Maar 150 jaar gelede het sulke dinge nie bestaan nie. Musiek is lewend opgevoer, en klaar. Dis nou totdat 'n vooraanstaande uitvinder klank probeer opneem het …

Die vooraanstaande uitvinder

Thomas Edison was 'n telegraafoperateur wat heelwat verbeterings aan die telegraaf aangebring het (kyk p. 42). Teen 1874 het hy genoeg geld gehad om 'n uitvindingslaboratorium in New Jersey in die VSA oop te maak. Edison het meer as 1000 nuwe dinge uitgevind, onder meer die moderne gloeilamp (kyk p. 38).

Stemvibrasies

In 1876 is die telefoon uitgevind – 'n uitvinding wat die klank van die menslike stem na vibrasies op 'n dun, buigbare plaatjie omskakel. Edison het gewonder of die vibrasies op die plaatjie op 'n manier gestoor sou kon word.

In sy gewerskaf aan die telegraaf het Edison boodskappe as 'n reeks inkepings op 'n spesiale soort band of lint (wat telegraafpapier genoem is) opgeneem.

Die patroon van die merkies op die telegraafpapier het woorde voorgestel.

Die bewegende naald skryf …

Edison het 'n naald aan die plaatjiegedeelte van die telefoonmondstuk vasgemaak. Wanneer hy in die mondstuk gepraat het, het beide die plaatjie en die naald vibreer. Edison het dan die vibrerende naald gebruik om 'n patroon op 'n strook papier te teken. Só is 'n tasbare opname van die vibrasies gemaak – maar dit kon nie teruggespeel word nie.

In 'n groef

Toe kry Edison nog 'n blink plan – om tinfoelie in pleks van papier te gebruik. As die naald rus teen 'n draaiende silinder wat met foelie oorgetrek is, sal die naald 'n groefie in die foelie maak. Die naald se vibrasies sal dan opgeteken word as 'n kabbelpatroon in die groefie.

En hier's die wengedagte: Edison het besef dat 'n mens hierdie hele proses ook in omgekeerde volgorde kon uitvoer. As die naald weer deur die groefie getrek word, sal dit die plaatjie laat vibreer op presies dieselfde patroon as wat die klank opgeneem is.

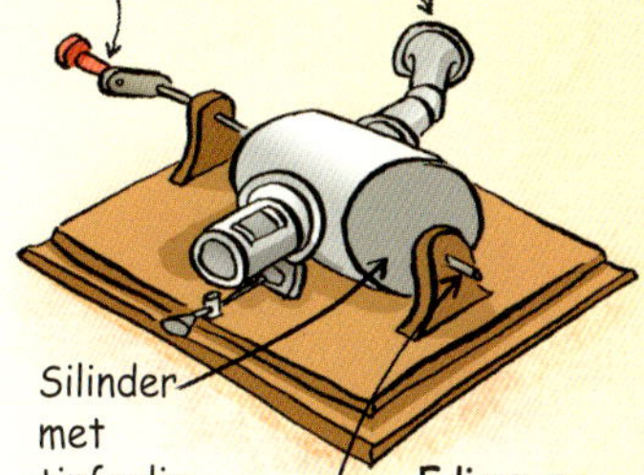

Edison se fonograaf

Terugspeeltyd

Edison het bogenoemde plan uitgedink – maar hy het nie die toestel self gebou of getoets nie. Hy het 'n skets gemaak van hoe hy gedink het dit moet lyk en dit aan een van die werknemers in sy laboratorium, John Kreusi, gegee om te bou.

So gou as wat dit gereed was, het Edison die toestel getoets. Terwyl hy die silinder om en om draai, het hy stadig die woorde "Mary had a little lamb" opgesê, soos die naald in die groefie krap. Hy het die naald teruggesit in die groefie, die silinder weer begin draai en met verwondering geluister hoe sy eie stem aan hom teruggespeel word.

Klank op was

Edison het sy uitvinding die fonograaf (wat "klankskrif" beteken) genoem. Dit was 'n briljante idee, maar daar was nog heelwat werk aan te doen. Die foelie het verweer en geskeur, en daarom het hy in die plek daarvan silinders met 'n harde wasbedekking ontwikkel. Een silinder kon vier minute se praat of twee minute se musiek opneem.

Teen 1900, nadat nog verbeterings gedoen is, het Edison fonograwe en silinderopnames aan die publiek begin verkoop.

Berliner se eerste grammofoon.

Plat soos 'n pannekoek

In 1877, tien jaar ná die uitvinding van die fonograaf, het die Duits gebore uitvinder Emile Berliner met 'n nuwe idee vorendag gekom. Hy het 'n manier ontwikkel om klank op plat plate in plaas van silinders op te neem. Sy klankopneemtoestel het as die grammofoon bekend gestaan. Edison het nog vir baie jare aanhou silinderopnames maak, maar met verloop van tyd het Berliner se plat plate baie gewilder geword.

Die eerste plat plate is van glas gemaak. Later is sink gebruik en nog later plastiek.

'n Plat plaat het 'n spiraalvormige groef wat van die buiterand af na die middel toe loop.

Nuwe uitvindings

Die plat grammofoonplaat het die twintigste-eeuse opnamewêreld heeltemal oorheers. Berliner se plate het aanleiding gegee tot benamings soos "platejoggie" ("DJ") en "disko". Plat plate met groefies word vandag steeds gebruik – veral vir klankeffekte soos vermenging en "scratching". Maar in die wêreld van klankopnames was daar intussen ook heelwat nuwe uitvindings ...

Kasset

- In 1928 ontdek die Duitse wetenskaplike Fritz Pfleumer 'n eenvoudige manier op klank op band wat met magnetiese deeltjies bedek is, op te neem.
- In 1965 ontdek die Amerikaanse uitvinder James Russell die laserskyf (CD, kort vir "compact disc"). 'n CD neem klank op as 'n reeks inkepings en word deur 'n ligstraal gelees.

Inkepings op 'n CD

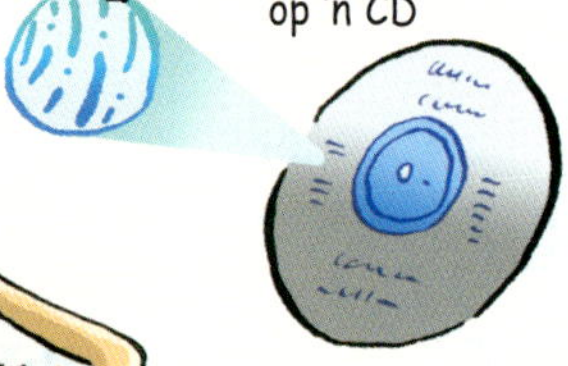

- Klank kan nou ook direk op rekenaargeheue vasgelê word en op 'n MP3-speler gestoor word.

MP3-speler

Allerlei gebruike
Edison het onmiddellik besef hoe nuttig sy uitvinding kon wees. In 1878 het hy 'n opstel daaroor geskryf, en 'n lys gemaak van al die dinge waarvoor 'n fonograaf gebruik kon word. Dit sluit in:

- Die dikteer van briewe en idees
- Pratende boeke en horlosies vir blindes
- Opvoedkundige materiaal
- Telefoonoproeprekords
- Musiekdose en speelgoed
- Musiekopnames

Alles wat hier genoem word, is vandag, meer as 100 jaar later, belangrike gebruike van klankopnames.

DIE TELEVISIE WORD GEBORE

Televisie is een van die belangrikste moderne uitvindings. Dit bring vermaak, opvoeding en nuus daagliks na ons huise toe. Televisie is egter kompleks. Dit het meer as een meesterbrein geneem om dit uit te dink.

Van lig na elektrisiteit

Televisie werk deur ligpatrone wat na elektroniese seine omgeskakel word. In 1839 het Edmond Becquerel ontdek wanneer 'n mens lig op sommige soorte metaal laat skyn, dit 'n elektriese stroom laat ontstaan. Dit het gelei tot die uitvinding van die fotovoltaïese sel, wat lig na elektrisiteit omskakel. Becquerel het die eerste tree in die rigting van televisie gegee.

Om na bewegende prentjies te kyk

Op Oukersaand in 1883 het 'n Duitse wetenskapstudent genaamd Paul Nipkow 'n idee gekry vir 'n toestel waarmee bewegende prentjies geskandeer en na 'n reeks seine omgeskakel kon word. Sy uitvinding was die Nipkow-plaat: 'n eenvoudige plaat met gaatjies in 'n spiraal daarop gerangskik. Dit het só gewerk:

'n Naam vir televisie
Lank voordat televisie ontdek is, het mense al daarvan gedroom om bewegende beelde oor 'n lang afstand te kan versend. Hulle het met allerhande futuristiese name vir dié hoogs tegnologiese idee vorendag gekom ...

Die woord wat uiteindelik populêr geraak het, "televisie", is in ongeveer 1900 geskep, meer as 20 jaar voordat TV bestaan het. Dit kom van die Griekse woord "tele", wat "ver" beteken, en die Latynse woord "viso", wat "sig" beteken.

Nipkow-plaat:

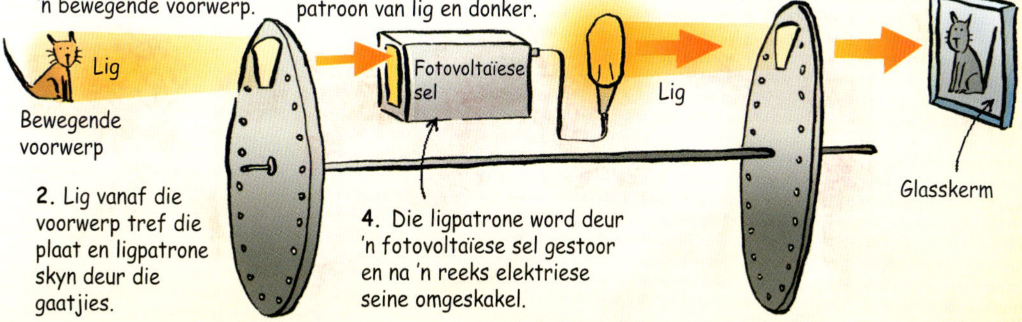

Rosing se vroeë TV-stel het net eenvoudige swart en wit silhoeëtbeelde van geometriese patrone versend.

Die TV-roete

In die vroeë 1900's het verskeie uitvinders werkende televisies probeer bou wat bewegende beelde oor 'n lang afstand kon versend. Die eerste persoon wat hierin geslaag het, was waarskynlik die Russiese wetenskaplike Boris Rosing, wat in 1907 'n televisie gemaak het deur die gebruik van 'n Nipkow-plaat. Hy kon egter net daarin slaag om silhoeëtte te versend. Die eerste uitvinder wat 'n televisie gebou en dit gebruik het om 'n behoorlike bewegende beeld mee te stuur, was die Skot John Logie Baird.

Die malkopuitvinder
John Logie Baird het verskeie maltrapidees gehad. Hy het lugsoolskoene ontwerp, kouse wat 'n mens se voete droog hou, asook 'n roesvrye skeermes, gemaak van glas, waarmee hy homself baie seer gesny het. Terwyl hy sy televisie aan die bou was, het Baird amper gesterf toe hy homself per ongeluk 'n 2000 volt elektriese skok toegedien het.

John Logie Baird

Vandag dink baie mense aan John Logie Baird as die eintlike vader van televisie – hoewel sy stelsel vinnig deur verbeterde weergawes vervang is wat deur ander uitvinders ontwerp is. Baird het sy TV-stel op sy solder gebou. Dit was gebaseer op die Nipkow-plaat en uit huishoudelike artikels gemaak. Op Vrydag 31 Oktober 1925 het hy dit vir die eerste keer reggekry om sy TV te laat werk.

John Logie Baird se prototipe televisie

Baird se stelsel het gebruik gemaak van draaiende plate wat ligpatrone na elektriese seine omskakel. Die seine kon langs 'n elektriese kabel gestuur word, of deur radiogolwe versend word.

Vroeë TV-stelle het 'n piepklein swart en wit skermpie gehad wat in 'n reuseboks gemonteer is.

In die openbaar

Teen 1926 het Baird sy TV in Selfridges, 'n Londense afdelingswinkel, in die openbaar demonstreer. In 1928 het hy daarin geslaag om 'n televisieuitsending tussen Londen en New York te doen en in 1929 het die BBC (British Broadcasting Corporation), wat reeds radiouitsendings behartig het, Baird se televisiestelsel begin gebruik om televisieprogramme uit te saai.

Vir die grootste gedeelte van die 20e eeu was televisiestelle groot en bonkig as gevolg van die groot katodestraalbuis agter die skerm.

Beter weergawes

Natuurlik lyk televisiestelle vandag hoegenaamd nie meer soos Baird se affêring nie. Kort nadat hy sy deurbraak gemaak het, het ander wetenskaplikes sy uitvinding verbeter by wyse van 'n toestel wat 'n katodestraalbuis genoem word. 'n Katodestraalbuis vervang die noodsaaklike groot, draaiende plaat, deurdat 'n beeld op 'n skerm geskep word deur middel van 'n straal piepklein partikels wat elektrone genoem word. Die BBC het mettertyd na hierdie metode oorgeskakel en dit het gaandeweg die basis van moderne TV-uitsending en -ontvangs geword.

In die 1990's het LCD-skerms televisies met katodestraalbuise vervang en het platskerm-televisies beskikbaar geword.

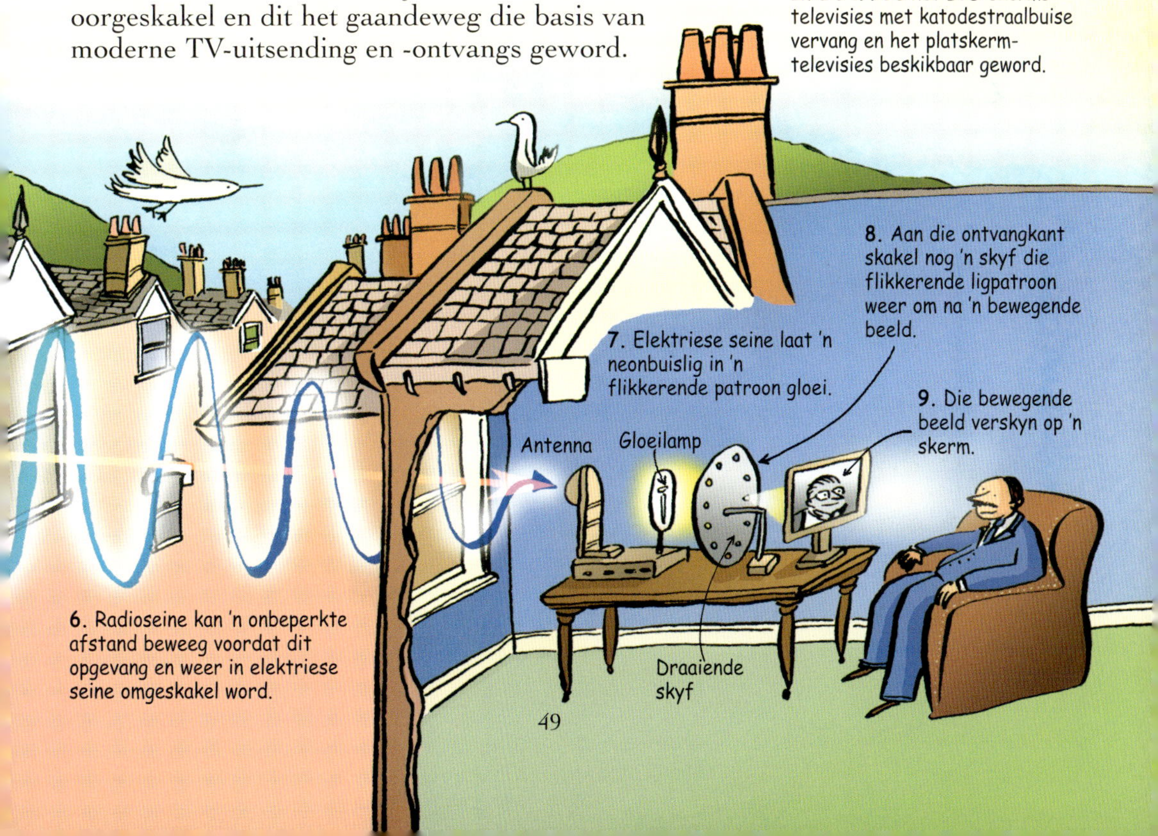

Romeinse seuns het abakusse gebruik om op skool wiskunde te leer. Die abakus is 'n eenvoudige berekeningstoestel – 'n vroeë weergawe van die rekenaar.

DIE REKENAARERA

Rekenaars maak 'n enorme deel van die moderne lewe uit en die meeste van ons gebruik daagliks rekenaars. Tog is die rekenaar nooit regtig "ontdek" nie – dit het gaandeweg ontwikkel, sonder dat daar 'n individuele uitvinder is aan wie die rekenaar toegeskryf kan word.

Wiskundige masjiene

'n Rekenaar is 'n masjien wat berekenings doen: Dit neem syfers in, doen 'n aantal berekenings daarop en gee die resultate weer. Op 'n manier is dit maar net 'n baie komplekse weergawe van 'n abakus – 'n stel krale op 'n houtraam. Deur die krale rond te skuif, kan jy getalle stoor en berekenings doen. Soveel soos 3000 jaar gelede het mense abakusse in Babilonië (vandag Irak) gebruik – en op sekere plekke word dit steeds gedoen.

Vanaf die 1600's het uitvinders meer komplekse berekeningstoestelle begin ontwikkel. Die belangrikste hiervan was die analitiese enjin, wat in die 1840's deur die Engelse wiskundige Charles Babbage ontwerp is. Hy het nooit die bou van hierdie enjin voltooi nie, maar dit was die voorloper van moderne rekenaars. Anders as die abakus, kon die analitiese enjin instruksies volg – in beginsel presies wat 'n rekenaarprogram is.

Dít is hoe Babbage se analitiese enjin sou gelyk het indien hy dit voltooi het. Dit is deur stoom aangedryf en het met wiele en tandratte gewerk.

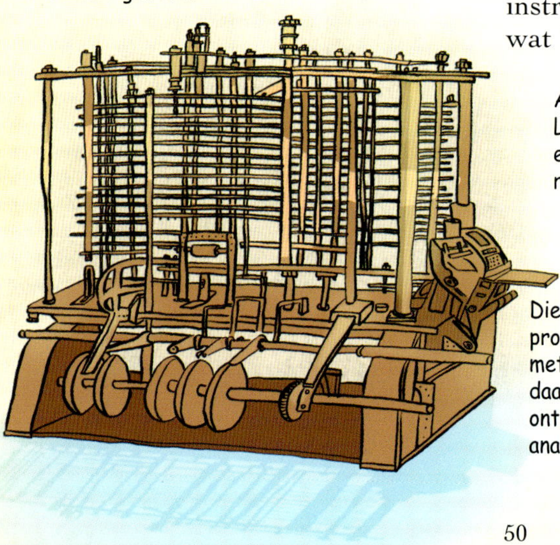

Ada Lovelace, dogter van die groot digter Lord Byron, het programme vir die analitiese enjin geskep. Sy word vandag as die eerste rekenaarprogrammeerder erken.

Die eerste rekenaar-programme was kaartjies met gaatjiespatrone daarin gepons, wat ontwerp is om in die analitiese enjin in te voer.

Elektriese rekenaars

Vir 'n rukkie het Babbage se werk in die vergetelheid verval. Tydens die Tweede Wêreldoorlog het regerings egter rekenaars nodig gehad om kodes te breek en missielroetes te karteer. In plaas daarvan om wiele en tandratte te gebruik, het uitvinders nuwe elektriese rekenaars ontwerp wat gewerk het met behulp van 'n nuwe ontdekking: vakuumbuise. 'n Elektriese stroom deur elke buis stel die buis in 'n "aan"- of "af"-posisie, en stel die buise in staat om getalle te stoor of te verwerk.

ENIAC het soveel ruimte in beslag geneem as 5 moderne klaskamers en meer as 17 000 vakuumbuise benodig.

Die eerste volledig werkende, digitale, programmeerbare vakuumbuisrekenaar is die ENIAC (Elektroniese en Numeriese Integreerder en Rekenaar) genoem. Dit is ontwerp en gebou deur twee Amerikaanse wetenskaplikes, John Mauchly en J. Presper Eckert, tussen 1943 en 1946.

Kleiner en kleiner

In 1947 het die Amerikaanse wetenskaplikes Walter Brattain en John Bardeen die transistor ontwerp – 'n soort piepklein elektroniese skakelaartjie. Transistors het kort voor lank die bonkige vakuumbuise in rekenaars vervang – wat rekenaars baie kleiner gemaak het.

Rekenaars het selfs nog kleiner geword toe Jack Kilby en Robert Noyce in 1958 die geïntegreerde kring of silikoonskyfie uitgevind het. In pleks daarvan dat 'n rekenaar se elektriese stroombane uit 'n groot aantal losstaande transistors opgemaak is, kon dit nou alles op die een piepklein silikoonskyfie pas.

'n Silikoonskyfie

Op pad

Rekenaars is vandag klein genoeg om in 'n sak - selfs 'n broeksak! - rond te dra. Skoot- en notaboekrekenaars se silikoonskyfies en elektriese stroombane word onder die sleutelbord ingepas en is beswaarlik groter as 'n abakus.

Rekenaars vir die massas

Gaandeweg het rekenaars klein en goedkoop genoeg geword om in kantore en later ook tuis te gebruik. Die MITS Altair 8800, wat in 1975 op die mark verskyn het, was die eerste tuisrekenaar. Vandag het die meeste huishoudings ten minste een rekenaar.

KOMMUNIKASIE
DEUR DIE EEUE HEEN

Om boodskappe te stuur, was nog altyd vir mense belangrik. Oor die jare het ons al hoe meer metodes ontdek om boodskappe vinniger en verder te stuur.

1000 v.C. Die eerste posdiens

'n Persiër te perd

Die eerste posdiens het bestaan uit berede boodskappers wat pakkies en briewe rondgeneem het.

776 v.C. Posduiwe

Die antieke Egiptinare, Grieke en Romeine het duiwe gebruik om boodskappe mee te stuur.

Boodskappe is aan die duif se voet vasgebind.

Duiwe is gebruik om nuus van die Olimpiese Spele na Athene te neem.

700 v.C. Scytale (spreek uit "skee-ta-lee")

Vanaf ongeveer 700 v.C. het die Grieke gebruik gemaak van 'n soort stok wat 'n scytale genoem is om gekodeerde boodskappe te stuur – letterlik, in Afrikaans, 'n kodeerder. Dit was 'n baie nuttige manier om in oorlogstye geheime instruksies te stuur.

Om 'n boodskap te enkodeer, het die Grieke 'n leerstrook rondom die scytale gedraai en die boodskap daarop geskryf.

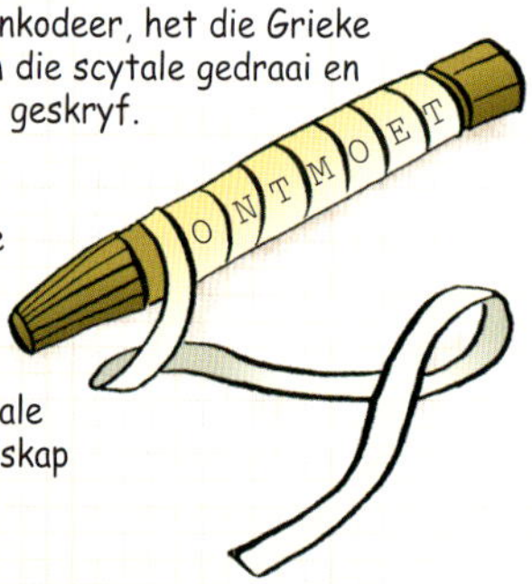

'n Boodskapper het die strook dan by die eindbestemming afgelewer, waar dit om 'n soortgelyke scytale gedraai is om die boodskap te onthul.

Teen die tweede eeu n.C. Rookseine

Die Antieke Chinese en Indiane het vure en rookseine gebruik om eenvoudige boodskappe soos "Alles gaan goed" of "Stuur hulp" oor te dra.

Indiaan stuur 'n rooksein

1430 Die drukpers

Die uitvinding van die drukpers in die 1430's het tot massaproduksie van boeke gelei.

'n Gutenberg-drukpers uit die 1400's.

1830 Telegraaf

Joseph Henry het in 1830 die telegraaf ontdek.

Die telegraaf het dit moontlik gemaak om boodskappe deur middel van elektriese kabels oor lang afstande te versend in die vorm van elektriese seine.

1835 Morsekode

Kort daarna het Samuel Morse die Morsekode ontwikkel – 'n sisteem wat patrone van kort en lang seine gebruik om letters te verteenwoordig. Die telegraaf kon nou gebruik word om letters, woorde en volsinne te stuur.

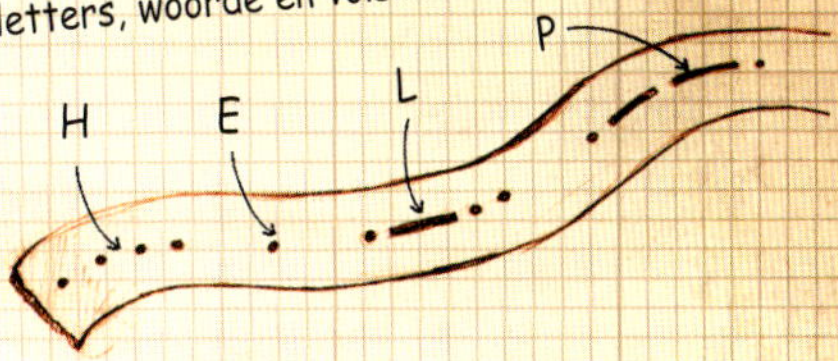

1860's Radiogolwe word ontdek

Teen ongeveer 1900 het Guglielmo Marconi maniere ontwikkel om radiogolwe vir die oordra van inligting te gebruik en só is radiouitsendings gebore.

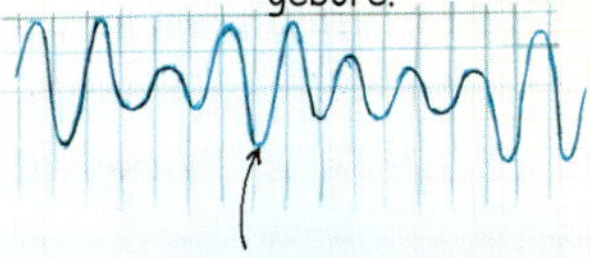

Radiogolf wat klankseine dra.

1870's Telefone

Alexander Graham Bell en ander het die telefoon in die 1870's ontdek. 'n Telefoon skakel die klank van 'n mens se stem om na elektriese seine, wat deur 'n elektriese kabel versend kan word. Mense kon nou met mekaar praat al was hulle kilometers van mekaar af weg.

1950's Die eerste kommunikasie-satelliete is in die 1950's die ruimte in gestuur

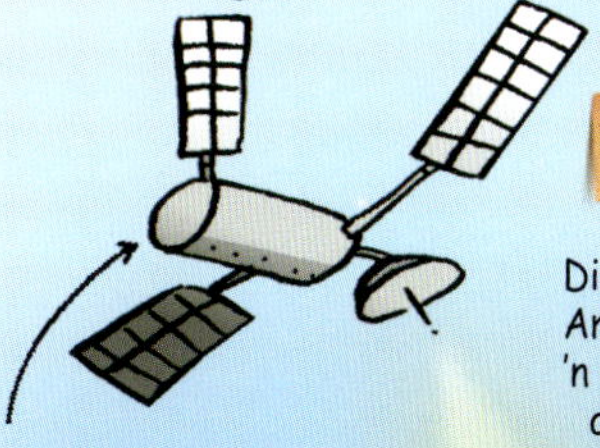

Satelliete ontvang en stuur radioseine dwarsoor die wêreld.

1960's En in die 1960's is die internet uitgevind

Die internet het ontstaan toe die Amerikaanse Departement van Verdediging 'n manier begin ontwikkel het om rekenaars aan mekaar te verbind. Sedert die 1990's is skakels van huisrekenaars met die internet redelik algemeen. In 1989 het die Britse rekenaarweten-skaplike Tim Berners-Lee die Wêreldwye Web ontdek – 'n inligtingsnetwerk wat via die internet onderling aan mekaar verbind is.

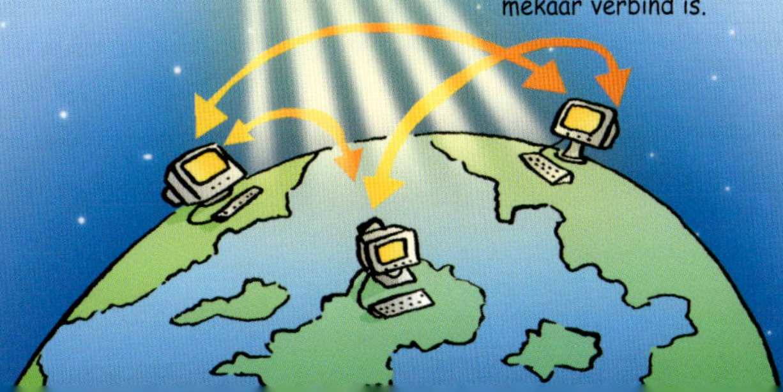

1992 Teksboodskappe

Selfone, wat in die 1940's ontdek is, gebruik radioseine om stemklank oor te dra.

Die eerste SMS is in 1992 gestuur.

DIE STORIE VAN DENIMBROEKE

Jy besit waarskynlik ten minste een denimbroek – net soos almal wat jy ken. Denims is die gewildste kledingstukke op aarde. So, waar kom dit vandaan?

Winkel-winkel

In die 1840's het Levi Strauss, 'n Duits gebore kleremaker, na die VSA gegaan om sy fortuin te soek. Nadat hy in New York aangekom het, het hy na San Francisco verhuis waar hy 'n groothandelwinkel begin het. Hy het sy besigheid Levi Strauss & Co. genoem en artikels soos klere, lakens, linte en materiaal verkoop. Winkels dwarsoor die staat Kalifornië het items by Strauss gekoop en dit dan aan hulle eie klante verkoop. Ander het die nodige voorraad by Strauss gekoop waarmee hulle hul eie goedere vervaardig het.

'n Broek vir die boendoe

Dit was die tyd van die Goudstormloop, toe duisende skattejagters in Kalifornië se berge vir goud gaan soek het: harde, vuil werk wat sterk buitelugklere noodsaaklik gemaak het. Die meeste delwers het sterk, dienlike broeke gedra (heupoorpakke genoem) wat van denimmateriaal gemaak is. Dié denimmateriaal was een van die artikels wat Strauss in sy winkel verkoop het.

Op 'n dag in 1872 het Strauss 'n interessante brief van Jacob Davis, een van sy klante, ontvang. Davis was 'n kleremaker wat materiaal by Strauss gekoop en gebruik het om oorpakke te maak. Hy het 'n splinternuwe soort werksbroek ontwerp wat met koperklinknaels aanmekaar gehou word om dit ekstra sterk te maak. Hy wou graag saam met Strauss die sakewêreld betree deur 'n fabriek te begin om dié broeke te vervaardig.

Waarom "denim"?
Die naam "denim" kom waarskynlik van die Franse stad Nîmes, waar dié materiaal vir die eerste keer gemaak is. Dit het bekend geword as *serge de Nîmes*, wat in Engels verkort is tot "denim".

Heupoorpakke was effekleurige, lospassende denimbroeke.

Broekbroers

Nadat hy die brief gelees het, het Strauss ingestem om saam met Jacob Davis te werk. In 1873 het hulle Davis se ontwerp vir 'n broek met koperklinknaels gepatenteer, en twee fabrieke oopgemaak om dié broeke te vervaardig.

Hulle was sommer gou op dreef en het die klinknaelbroeke in twee kleure gemaak: bruin katoenseildoek en blou denim. Die bruin broeke het heel goed verkoop – maar die bloues was 'n onmiddellike treffer. Dit het dadelik uitverkoop.

Davis se ontwerp het van klinknaels gebruik gemaak om die materiaal aanmekaar te hou. Die klinknaels het verhoed dat baie dra en slytasie die broek laat uitmekaar val.

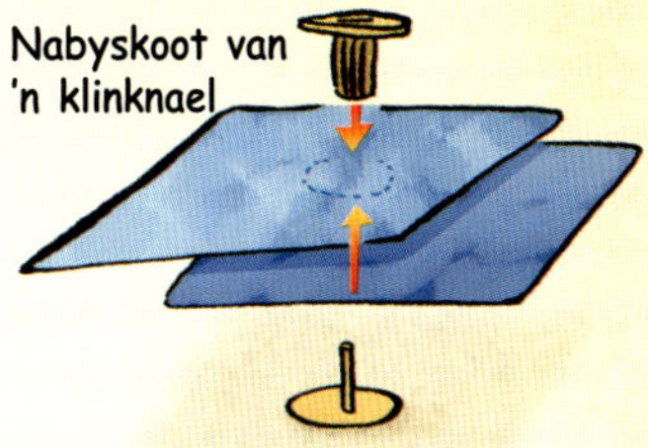

Levi en Davis se broeke is met oranje gare gestik om by die koperkleurige klinknaels te pas.

'n Broek vir die mense

Klinknaeldenims was so gewild dat Strauss en Davis nog fabrieke moes oopmaak om meer en meer daarvan te maak. Teen die 1800's het mense regoor die Amerikaanse Weste Levi® se blou denimklinknael-broeke gedra. Mense het dit ook nie net meer vir werk gedra nie, maar ook om goed te lyk.

Waarom "jeans"?
Blou denimbroeke het in die 1950's as "jeans" bekend geword - maar niemand is seker waarom nie. Dit kan wees dat mense vroeër broeke gedra het wat van jeanmateriaal gemaak is, en dat die naam later ook vir ander soorte broeke gebruik is.

Gaan groot

Danksy die Hollywoodse filmbedryf het mense dwarsoor die wêreld gesien hoe filmsterre Levi®-denims in Wilde Weste-prente dra. En gedurende die Tweede Wêreldoorlog het mense wêreldwyd gesien hoe lede van die Amerikaanse weermag dit dra. Kort voor lank wou almal 'n denimbroek hê! Teen die 1950's was denims oral oor Amerika te koop. Dit het uiteindelik oor die hele wêreld versprei. Vandag kan 'n mens denims so te sê dwarsoor die planeet koop.

RITS DIT TOE!

Knope, belde, gespes, veters, hakies en ogies … daar was nog altyd heelwat tydrowende en lastige maniere om klere vas te kry. Uitvinders het daarom die ritssluiter ontdek om die hele proses vinniger en makliker te maak.

Stewel-struwel

Stewels is gewoonlik met veters of hakies en ogies opgeryg. Maar in 1890 het die uitvinder Whitcomb Judson van Chicago in die VSA besluit daar moet 'n beter manier wees. Een van sy vriende het gekla dat al die fieterjasierige vasmaakgoed op sy stewels hom rugpyn gee.

Judson het daarom 'n vasmaker ontwerp wat gemaak is van twee rye hakies en ogies wat mooi in mekaar kon pas wanneer dit saamgedruk word. Hy het ook 'n spesiale glyer ontwerp wat al met die twee rye langs beweeg en dit teen mekaar druk om dit sodoende aan mekaar te heg.

Judson se eerste "haaksluiter"-ontwerp kon aan stewels of klere vasgewerk word.

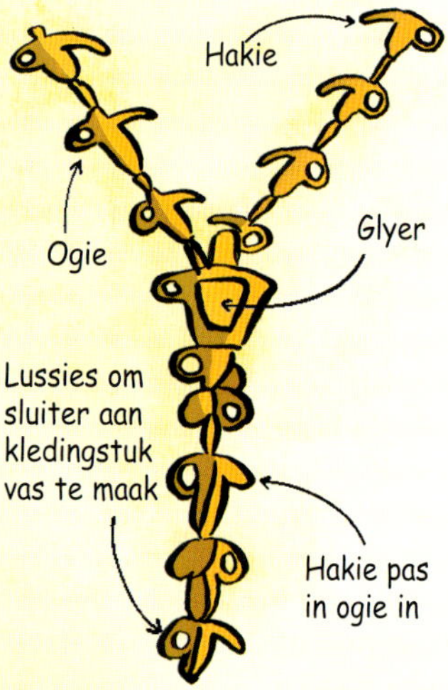

Begin van 'n besigheid

Judson het sy uitvinding in 1893 gepatenteer en dit 'n haaksluiter genoem. Hy het vervolgens 'n maatskappy, die Universal Fastener Company, begin in 'n poging om dit te verkoop. Maar die haaksluiter het nie juis sukses behaal nie.

Een probleem was dat dit nie baie sterk was nie – dit sou sommer oopspring. In 1904 het Judson 'n nuwe, verbeterde weergawe ontwerp wat hy die "C-curity" genoem het, maar ook dit was nie juis 'n sukses nie.

Vroeg uit die vere
Soos soveel ander uitvindings, is ritssluiters eintlik veel vroeër uitgedink. Elias Howe, wat ook die stikmasjien ontwerp het, het in 1851 'n idee gehad vir 'n rits-tipe sluiter. Maar omdat hy so besig was met sy stikmasjien, het hy hierdie idee nooit ontwikkel nie.

Die C-curity was vas aan 'n strook materiaalomboorsel.

Kyk, geen hakies!

Uiteindelik het Judson se maatskappy 'n Sweedse wetenskaplike, Gideon Sundback, gehuur om aan die C-curity te werk. Sundback het teruggegaan na die tekenbord en in 1913 met sy nuutste uitvinding vorendag gekom: die "hakielose sluiter".

In plaas van hakies en ogies het Sundback piepklein "lepeltjies" gebruik met 'n knoppie aan die een kant en holtetjie aan die ander kant. Die glyer het dan die "lepeltjies" na mekaar toe gedruk, sodat dit in mekaar pas. Hy het ook 'n masjien ontwerp wat die "lepeltjies" kon maak en aan materiaalstroke kon vassit.

Sundback se hakielose sluiter het baie soos 'n moderne ritssluiter gelyk. Die slim ontwerp van dié uitvinding het van ritssluiters huishoudelike noodsaaklikhede gemaak.

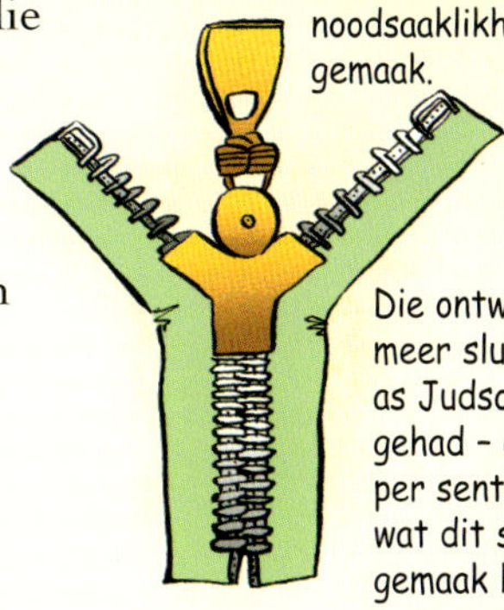

Die ontwerp het meer sluitertjies as Judson s'n gehad – omtrent 4 per sentimeter – wat dit sterker gemaak het.

Toeritsstewels

Die Universal Fastener Company het die Hookless Fastener Company geword en hulle daarop toegespits om die nuwe sluiters te verkoop.

Aanvanklik wou net die weermag en die vloot regtig daarvan hê, vir gebruik in sakke en vliegpakke. Toe, in 1921, bestel die rubbermaatskappy BF Goodrich duisende hakielose sluiters vir 'n nuwe toeritsstewel, wat ritsstewels genoem is.

Sommer gou is die naam "rits" vir die sluiter gebruik – waarskynlik vanweë die klank wat die sluiter maak.

Sundback se "lepeltjies", wat regtig soos miniatuurspatels gelyk het, word vandag "tandjies" genoem.

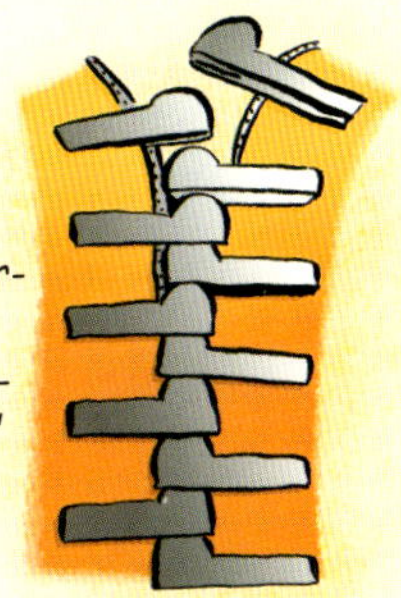

Die knoppies en holtetjies was reghoekig. Dit het verhoed dat die tandjies omdraai en die sluiter laat oopspring.

Ritse vir rakkers

In die 1930's is ritse vir kinderklere bemark, aangesien dit maklik is om op te trek en dit vir kindertjies makliker maak om self aan te trek.

Kort voor lank is ritse in allerhande kledingstukke gebruik. Vandag kry mens dit ook in honderde ander dinge – van tente tot CD-sakkies.

KYK SULKE KLOUBAND!

"Grrrrts!!" Dis die klank wat jy sal hoor van klere, sakke, skoene en hordes ander dinge wat met klouband toe- of vasmaak. Hierdie wonderbaarlik nuttige uitvinding het by een briljante idee begin – en is uit die natuur nageboots.

Mestral het gesien dat elke stekel oortrek was van piepklein haakvormige haartjies.

Die haartjies het in sy hond se hare en sy eie wolstapklere vasgehaak.

Mestral in die berge

Dit was 1941 en Georges de Mestral was met sy hond in die berge aan die stap.

Mestral, 'n Switserse ingenieur, was dol oor die buitelewe. Die enigste probleem was dat wanneer hy ná sy stappie tuiskom, sy klere en sy hond oortrek was met irriterende stekels – taai saadjies wat van sekere plante afkomstig is.

Mestral was nog altyd 'n denker en 'n uitvinder – op 12 het hy reeds 'n speelgoedvliegtuig ontwerp en gepatenteer – en wou weet hoe plantstekels só aan alles vassit. Daarom het hy besluit om die stekels onder 'n mikroskoop te bekyk.

Hy kom toe agter dat elke stekel oortrek is van selfs nog fyner haartjies wat soos miniatuurhakies lyk. Dit het verklaar waarom die stekeltjies so styf aan Mestral se klere en sy hond se hare kon klou. Hoewel elke hakie afsonderlik maar swak was, het honderde daarvan tesaam gesorg dat die stekels styf aan enige pels of materiaal kon klou.

Waarom stekels hê?
Ons weet waarom ons dinge aan mekaar wil heg - maar waarom het plante taai stekels? Dis omdat plante hul saad moet versprei. Elke stekel bevat van die plant se saad. Wanneer dit aan diere vassit, word die saad ver weggedra en kan plante in nuwe omgewings groei.

Vasmaak sonder sukkel

Mestral het 'n idee gehad. Hy kon mensgemaakte klouband ontwerp wat net soos stekels sou werk! Hy het moeilike knope en ritssluiters wat breek, verpes – en geweet dat as hy sy klouband kon laat werk, daar beslis aanvraag voor sou wees.

Op julle merke, gereed ...

Mestral het tekstielvervaardigers besoek om vas te stel of hulle vir hom die nodige materiaal kon vervaardig. Sy klouband sou twee dele moes hê: een kant bedek met sagte lussies, en die ander bedek met sterk, piepklein hakies.

Die sagte kant was nie te moeilik om te maak nie. Maar dit het meer as agt jaar se werk saam met tekstielvervaardigers in Lyon, Frankryk en Basel, Switserland gekos voordat Mestral die beste manier gevind het om die kant met die hakies te maak.

Om 'n naam te vind

Mestral het sy uitvinding in 1951 gepatenteer en die Velcro-maatskappye begin om dit te maak en te verkoop. Die naam "velcro" is 'n kombinasie van die Franse woorde "velour" (wat fluweel beteken) en "crochet", wat hakie beteken.

Aanvanklik was mense maar skepties om Velcro®-klouband op algemene draklere te gebruik. Maar dit was 'n wegholsukses binne die vinnig groeiende ruimtebedryf. Klouband was ideaal vir die maak van ruimtepakke wat maklik aan en uit moes kan trek en om dinge (en mense!) te anker in die swaartekraglose ruimte.

Vervaardigers het gaandeweg begin om Velcro®-plakkers op kinderklere en skoene te gebruik, omdat dit so maklik is om vas en los te maak – en gou is dit ook op alledaagse gebruiksartikels aangetref.

Vasplak feite

- 'n Tipiese Velcro®-strook het 400 hakies per vierkante dm (62 hakies per vierkante cm)
- Verskeie weergawes van die produk is beskikbaar – en daar is selfs 'n metaalbedekte soort wat elektrisiteit kan gelei.
- Wanneer 'n mens 'n Velcro®-strook skud, plak dit stywer vas. Dit maak Velcro ideaal om motoronderdele bymekaar te hou.

Vir hierdie muurspring-speletjie spring 'n mens teen mure vas, geklee in 'n pak wat met klouband bedek is.

OPERASIES SONDER TRANE

Mense doen al duisende jare lank operasies. Aanvanklik het hulle siektes probeer genees deur gate in mekaar se skedels te maak om bose geeste uit te laat. En as 'n mens se arm of been ernstig beseer of deur siekte aangetas was, kon jy die ledemaat laat afsny.

Goeie verdowingsmiddels – middels wat pyn tydens 'n operasie kon verdoof – was egter nie altyd beskikbaar nie. 'n Operasie het dus ondraaglike pyn beteken. Operasiekamers het weergalm van pasiënte se gille en krete.

Om pasiënte katswink te slaan, kon ernstige beserings tot gevolg hê.

Uit soos 'n kers!

Natuurlik wou dokters operasies minder pynlik probeer maak. Hulle het mense probeer katswink slaan, hulle dronk probeer maak, hulle stukke leer gegee om op te byt en hulle selfs met brandnetels gesteek om hulle aandag af te lei. Geeneen van hierdie metodes was egter 'n werklike oplossing nie.

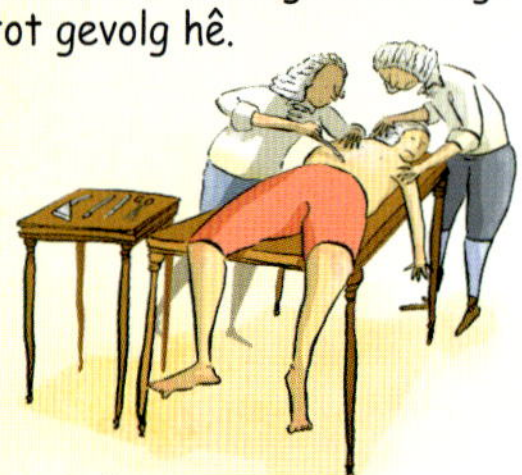

Om hulle dronk te maak, was ook riskant – sommige het aan alkoholvergiftiging gesterf.

Gee hom gas!

Toe, in die 1700's, het wetenskaplikes geleer hoe om verskillende gasse te meng. Teen ongeveer 1800 het die uitvinder Humphry Davy met 'n gas genaamd distikstofmonoksied eksperimenteer.

Wanneer hy dit ingeasem het, het dit hom eers onbedaarlik laat lag, en hom dan laat omval.

Hy het dit daarom "laggas" genoem.

En brandnetels het die onaangenaamheid van die operasie-ervaring net vererger.

Partytjietyd!

Davy het laggaspartytjies begin hou, waar almal dwarsdeur die nag gelag het. Mense het gou agtergekom dat dié gas ook pyn verdoof.

Toe tandartse dit besef, het hulle besluit om laggas op hulle pasiënte uit te toets. Een tandarts met die naam Horace Wells het van die gas ingeasem en 'n vriend gevra om een van sy tande te trek. Dit het gewerk!

Eter

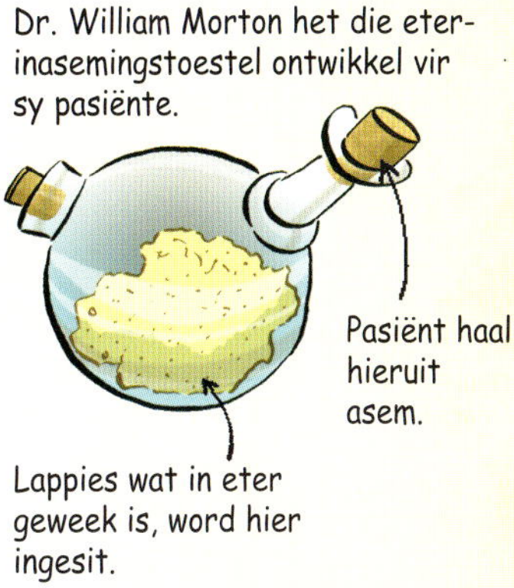

Ongelukkig het laggas se effek net 'n kort rukkie gehou. Dit was genoeg om 'n tand te trek – maar nie voldoende vir langer operasies nie. Tandartse het daarom 'n vloeistof wat eter genoem is in die plek van laggas uitgetoets. Net om aan lappies te ruik wat in eter geweek is, kon pasiënte hul bewussyn laat verloor of pyn verdoof.

Daar was net een haakplek: Eter was plofbaar. Deur eter te naby aan kerse te gebruik, is 'n paar lelike ongelukke veroorsaak.

Simpson se oplossing

In die 1840's het 'n Skotse dokter, James Simpson, ontdek dat 'n vloeistof genaamd chloroform net so goed soos eter werk – en baie veiliger was om te gebruik. Sy vroulike pasiënte was geweldig opgetoë toe hy chloroform gebruik het om hulle geboortepyne te spaar.

Sommige godsdienstige mense het gevoel dis verkeerd om pyn te verdoof. "Swaarkry is reg en natuurlik!" het hulle protesteer. Koningin Victoria het gelukkig 'n stokkie hiervoor gesteek toe sy in 1853 self chloroform gebruik het. Van toe af wou almal dit probeer.

Vandag se wetenskaplikes bou voort op Davy, Wells en Simpson se idees om allerlei narkose-middels te maak. Daarom, as jy ooit 'n operasie moet kry, behoort dit pynloos te wees!

BOBAASBRILLE

Meer as 2000 jaar gelede het die antieke Chinese die eerste brille gemaak. Dié brille het egter nie 'n mens se sig verbeter nie, maar slegs jou oë teen die son beskerm. Behoorlike brille is eers eeue later ontdek. In die antieke wêreld moes mense eenvoudig vir lief neem met swak sig. Bysiende Romeine het hulle slawe vir hul laat voorlees. As 'n slaaf ook swak oë gehad het, is hy of sy teen 'n lae prys verkoop.

En daar was lig

In ongeveer 1020 het 'n Arabiese wetenskaplike, Alhazen, lense (stukke geboë glas) bestudeer. Hy het gesien dat lig buig soos dit deur die lens beweeg. Indien 'n mens deur sommige lense na voorwerpe gekyk het, het die voorwerpe groter gelyk.

Kort voor lank het Europese monnike (wat baie gelees het) lense wat hulle leesstene genoem het, begin gebruik om makliker te lees. Wanneer 'n mens hierdie "steen" (eintlik maar net 'n stukkie geboë glas) oor die bladsy trek, lyk die letters groter. Die leessteen was dus 'n vroeë soort vergrootglas.

Lense en lig

'n Lens is 'n stuk geboë glas. Soos ligstrale deur die glas skyn, word die strale ook gebuig.

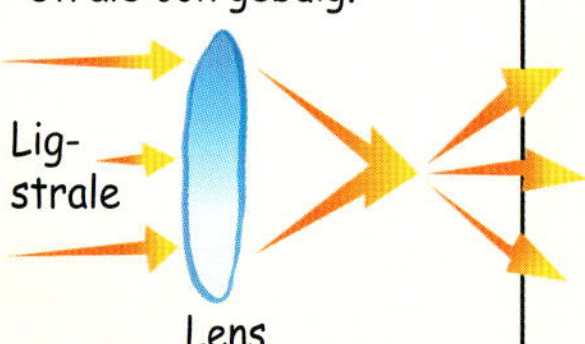

Die oog bestaan uit 'n geboë kornea (horingvlies) met 'n jellieagtige lens daaragter. Beide die kornea en die lens buig en fokus lig op die retina aan die agterkant van die oogbal, en skep só 'n helder beeld.

Bysiendheid (miopie)

As jy bysiende is, beteken dit jou oë se lense buig te veel, wat veroorsaak dat dinge wat ver is vir jou dof en onduidelik lyk. As jy 'n bril dra, buig die bril se glase die lig op die regte manier, sodat dit op die retina fokus soos dit moet.

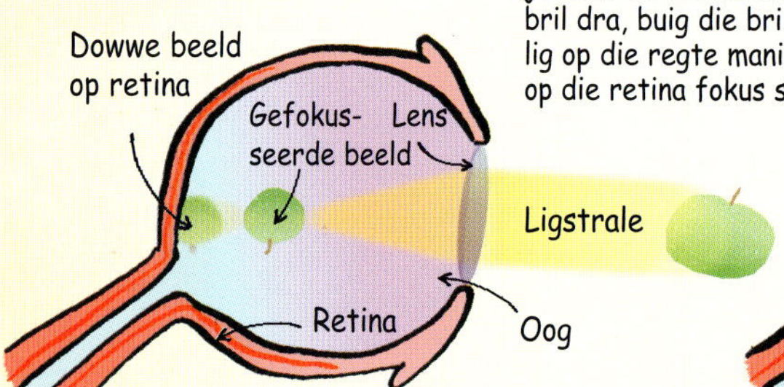

Die lens draai die beeld onderstebo. Jou brein draai dit weer reg om.

Regstel van bysiendheid deur middel van 'n lens

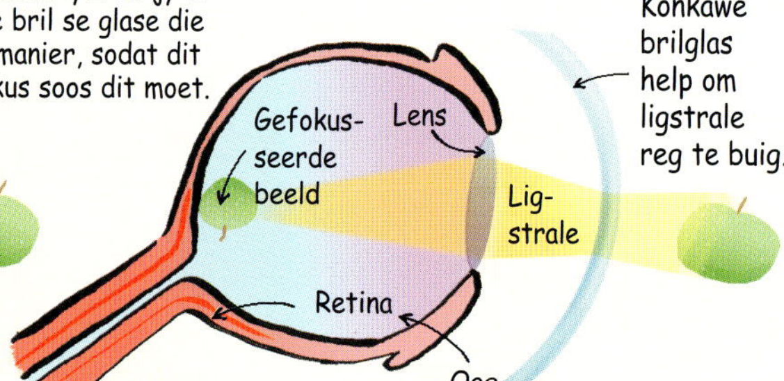

Die bril word gebore

In die 1300's het brille in skilderye begin verskyn – soos op hierdie fries op 'n kerkmuur in Treviso, Italië.

In 1268 het die Britse geleerde Roger Bacon geskryf hoe lense voor 'n mens se oë gehou kan word om swak sig te verbeter. Hy het egter nooit praktiese uitvoering gegee aan hierdie plan nie.

Die eerste brille is waarskynlik rondom 1280 in Italië gemaak. Niemand weet presies wie hierdie brille gemaak het nie, hoewel die Florentyn Salvino degli Armati en Allesandro della Spina van Pisa beide vroeë brilontwerpe gemaak het. Brille was nietemin 'n onmiddellike sukses. Teen 1300 is brille by die duisende gemaak.

Hoe het hierdie brille gelyk?

Die eerste brille het bestaan uit twee lense in metaalrame wat met 'n oopvoubare skarnier of 'n veer aan mekaar vasgemaak is. Dit het nie oor jou ore gehaak nie – 'n mens moes dit op jou neus vasknyp.

Heel aan die begin het brille net vir versiendheid gehelp (wanneer jy nie naby aan jou kon sien nie). Brille was ook nuttig om mee te lees, te skryf en handwerk te doen. Sedertdien het uitvinders brille net aanhou verbeter.

Vroeë brille soos dié, sonder armpies, is soms knypbrille genoem.

Knypbril met skarnier

Geveerde knypbril

n 1400's Verskillende soorte lense is gebruik om brille vir bysiende mense te maak …

n 1784 Die Amerikaner Benjamin Franklin ontwikkel die bifokale bril: bril met twee soorte lense …

n 1888 Die Switserse wetenskaplike A. Eugene Fick ontdek kontaklense, wat reg bo-op die oogbal geplaas word …

n … en sedert die 1980's kan 'n mens jou lense selfs laat opereer. Die dokter gebruik laser om nuwe vorm aan die lens te gee, sodat dit skerper kan fokus.

Laseroogbehandeling

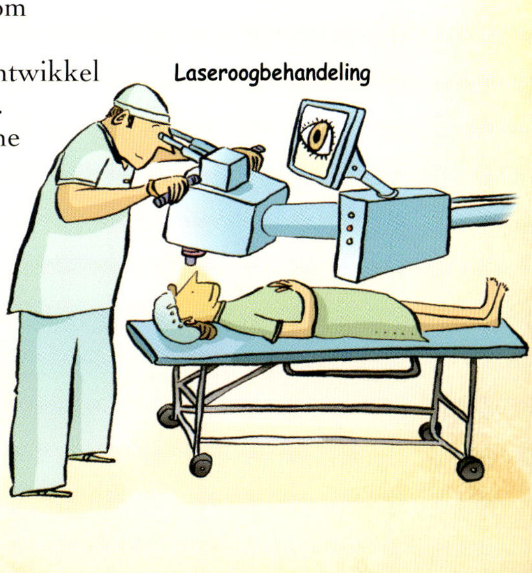

DIE STORIE VAN PLEISTERS

Wanneer jy jou vinger sny of jou knie nerfaf val, plak jy 'n pleister op. Maar wie het pleisters uitgedink? 'n Man met die naam Earle Dickson het met dié idee vorendag gekom – danksy sy onhandige vrou.

Dom vingers

In 1920 het Earle Dickson gewerk vir die maatskappy Johnson & Johnson, wat verbande vir hospitale vervaardig het. Hy het dikwels verbande huis toe geneem vir sy vrou Josephine, wat 'n tuisteskepper was en gedurig haar hande en vingers gebrand en raakgesny het terwyl sy kook en huis skoonmaak.

Wanneer Josephine 'n seerplek op haar hand moes verbind, moes Earle die katoengaasblokkies wat as verbande gebruik is, vir haar met kleeflint vasplak. Verbande was in daardie dae so lomp dat dit byna onmoontlik was om self jou hande te verbind.

Kieme word verwilder
In die laat 1860's het Joseph Lister besef dat klein, onsigbare kieme die liggaam kon binnedring en siektes kon veroorsaak – veral tydens en ná operasies. Hy het hieruit afgelei dat alle sjirurgiese gereedskap en verbande steriel moet wees (kiemvry).

Joseph Lister

In 1885 het Robert Wood Johnson en sy broers 'n besigheid begin wat steriele verbande vervaardig het. Vandag vervaardig hulle maatskappy, Johnson & Johnson, 'n wye verskeidenheid gesondheidsorgprodukte en is dit een van die bekendste maatskappye ter wêreld.

Groot katoengaasstroke was die enigste beskikbare verbande.

'n Mens het die gaasstroke met mediese kleeflint oor die brand- of snyplek vasgeplak.

Omdat Josephine haar hande baie gebruik het, het die verbande sommer gou afgeval.

Josephine moes 'n manier vind om haar vingers toe te plak terwyl Earle by die werk was. Daarom het hy 'n soort verband spesiaal vir haar ontwerp.

Handige verbande

Earle se idee was eenvoudig: Hy het gaasverband in blokkies gesny en dit op 'n strook mediese kleeflint geplak. Daarna het hy 'n stuk krinolien ('n soort stywe materiaal) boor geplak en die kleeflint opgerol. Al wat Josephine moes doen, was om 'n stukkie af te sny, die krinolien af te trek en die taai strokie om haar vinger te plak.

Fabriek toe

'n Pakkie BAND-AID® pleisters uit 1921

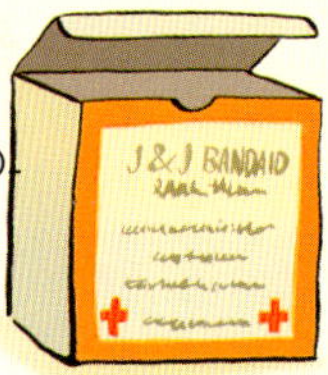

Earle het sy base, die Johnson-broers, van sy uitvinding vertel. Toe hy hulle wys hoe hy self sy hand kon verbind, was hulle baie beïndruk. Daardie selfde jaar nog, 1920, het hulle dié soort verband begin vervaardig, onder die naam BAND-AID®.

Aanvanklik is BAND-AID®-pleisters met die hand gemaak, net soos Earle se weergawe daarvan. Dis in stroke van 7 cm breed by 45 cm lank verkoop. Ongelukkig het dit nie goed verkoop nie. Maar in 1924 het die maatskappy 'n manier bedink om kleiner pleisters te maak met behulp van 'n outomatiese masjien. Die nuwe weergawe was baie gewilder en pleisters het vinnig algemeen verkrygbaar geword.

Skeurdraadjies
In 1940 het Johnson & Johnson pleisters in individuele papiertjies met 'n rooi garedraadjie binne-in begin toedraai. 'n Mens trek die draadjie om die papiertjie oop te skeur. Hierdie "skeurdraadjies" word vandag by verskeie ander produkte gebruik, onder meer waspoeiersakkies en sommige kosverpakkings.

Dwarsoor die wêreld en verder

Sedert 1920 is miljarde der miljarde klein, ligte, gerieflike pleisters deur mense gebruik. Pleisters het verbande in die meeste huise vervang; soldate neem pleisters saam na oorlogsones en ruimtevaarders neem dit saam met hulle die ruimte in.

Wat Earle Dickson betref: As beloning vir sy idee het Johnson & Johnson hom as ondervoorsitter van die maatskappy aangewys – 'n pos wat hy lewenslank beklee het.

Versierde pleisters het in 1956 op die mark verskyn. Moderne ontwerpe sluit strokiesprentkarakters en diervelmotiewe in.

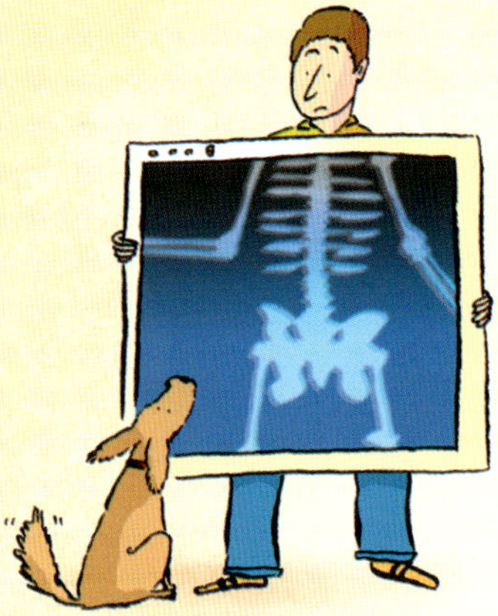

X-strale kan jou laat sien hoe jou skelet lyk, omdat dié soort strale maklik deur sagte, ligte weefsel soos jou organe beweeg - maar nie deur harde, swaar voorwerpe soos been nie. Waar die strale nie kan deurdring nie, verskyn dan 'n beeld van jou skelet.

OM TE SIEN HOE ONS VAN BINNE LYK

Voordat x-strale ontdek is, sou niemand kon dink dat dit moontlik is om deur die menslike liggaam te sien nie. Toe dié eienaardige strale vir die eerste keer gebruik is, het baie mense gedink dis toorkuns.

Geheimsinnige strale

In 1895 was 'n Duitse wetenskaplike, Wilhelm Röntgen aan 't eksperimenteer met 'n katodestraalbuis – 'n soort glasbuis waaruit alle lug gesuig is. Wanneer 'n elektriese stroom deur die gas in die buis gestuur word, ontstaan 'n katodestraal – 'n stroom bestaande uit piepklein deeltjies wat elektrone genoem word.

Wetenskaplikes het katodestraalbuise gewoonlik getoets deur dit op 'n spesiale skerm te laat skyn. Dié skerm was bedek met chemiese stowwe wat gloei wanneer 'n katodestraal daarop val. Hulle het geweet dat katodestrale net 'n kort afstand kan beweeg. Röntgen het egter ontdek dat sy skerm gloei selfs al staan dit aan die ander kant van die lessenaar as die buis. Die eienaardigste was dat, wanneer hy sy hand op die skerm sit, hy 'n prentjie van sy skelet gesien het.

Röntgen het besef dat die buis benewens katodestrale waarskynlik ook 'n ander soort straal maak, wat deur sommige soliede voorwerpe kon beweeg. Hy het geen idee gehad watter soort strale dit kon wees nie – en het dit daarom x-strale genoem.

Die wetenskap van x-strale

Aanvanklik het Röntgen nie geweet waarvan hierdie geheimsinnige strale gemaak is nie. Eksperimente het later getoon dat dit 'n tipe elektromagnetiese golf is - soos lig en radiogolwe.

Radiogolwe is baie lang elektromagnetiese golwe.

Liggolwe is mediumlengte elektromagnetiese golwe wat ons met die blote oog kan sien.

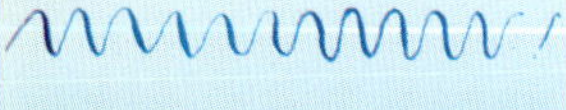

X-strale is baie kort elektromagnetiese strale. Dit is onsigbaar en kan deur die meeste stowwe dring.

X-straalfoto's

Daarna het Röntgen ontdek hoe om x-straalfoto's te neem deur die strale op fotopapier te laat inbrand. Hy het 'n foto van sy vrou Bertha se hand geneem en dit na 'n paar van sy vriende, ook wetenskaplikes, gestuur. Kort voor lank het x-strale die wêreld stormenderhand verower.

In vandag se hospitale gebruik dokters x-strale om gebreekte bene te ondersoek en inwendige organe soos die longe na te gaan vir siektes.

Dokters gebruik x-strale om gewonde soldate intern te ondersoek

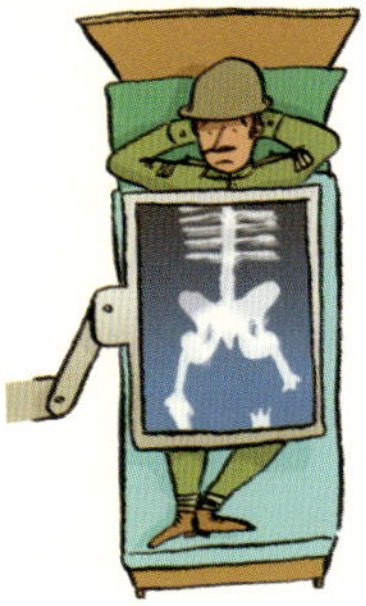

Tandartse gebruik dit om verrotte tande te bestudeer

Sommige maatskappye het selfs x-straalbestande onderklere begin adverteer!

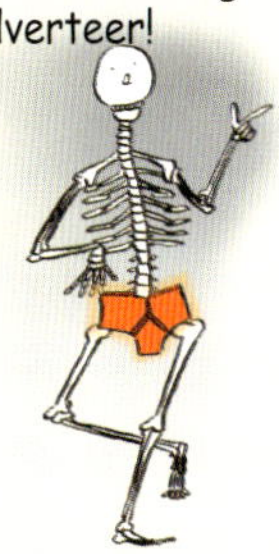

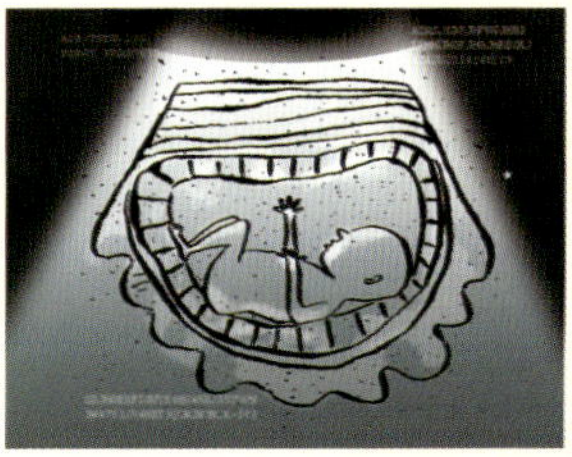

Ultrasoniese skandering (sonar) word dikwels gebruik om na ongebore babas te kyk, aangesien dit veiliger is as x-strale.

Riskante strale

Aanvanklik het mense gedink x-strale is veilig. Dokters en wetenskaplikes het dikwels sommer hul hande gebruik om die straal te toets. Toe mense egter aan kanker begin sterf as gevolg van te veel blootstelling aan x-strale, het wetenskaplikes besef dat dié strale skadelik kan wees. Dokters gebruik vandag steeds x-strale om binne-in mense se liggame te kan sien – maar moderne x-strale is baie flouer en nie so gevaarlik nie.

Ná x-strale

Sedert Röntgen x-strale ontdek het, is nog baie ander maniere ontwikkel om die menslike liggaam van binne te kan sien. Dit sluit MRB (magnetiese resonansiebeelding), wat sterk radiogolwe gebruik, en ultrasoniese skandering in. Laasgenoemde laat klank van 'n mens se ingewande terugspring om 'n beeld daarvan te skep.

'n Pasiënt in 'n MRB-skandeerder

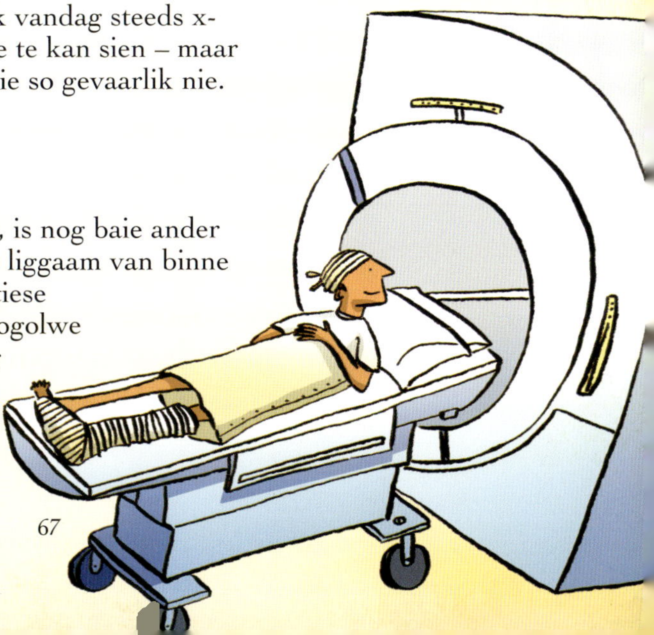

PAPIERPIONIERS

Voordat papier ontdek is, het mense soos die Sumeriërs op kleistene geskryf.

Papirus groei in vlak water en moerasse langs die oewers van die Nylrivier.

Vandag kry 'n mens oral papier – in boeke, tydskrifte, gemorspos en plaknotas. Duisende jare gelede het niemand van iets soos papier geweet nie. Waar kom papier dan vandaan?

Voor papier

Skrif is lank voor papier ontwikkel en mense het daarom iets nodig gehad om op te skryf. Sommige het met 'n stokkie in sagte klei geskryf en gewag dat dit droog word. Ander het op leiklip of hout geskryf. Al hierdie materiale was egter bitter swaar.

Die antieke Indiane het op blare geskryf. Blare was ligter, maar het mettertyd verrot.
Die antieke Chinese het sy gebruik, maar sy was duur en het maklik geskeur.

Papirus

Ongeveer 5000 jaar gelede het die antieke Egiptenare iets nuuts probeer deur die stamme van 'n sekere soort rivierplant (papirus) te gebruik om plat velle te maak.

Hulle het dus 'n vroeë vorm van papier ontdek. (Om die waarheid te sê, kom ons woord "papier" van die woord papirus.) 'n Mens kon heerlik op papirus skryf – maar dit het baie lank geneem om te maak en was daarom onbekostigbaar vir almal behalwe die skatrykes.

1. Eers het die Egiptenare lagies van die kernagtige papirusstamme afgestroop.

2. Dan het hulle die stroke in lae gepak om 'n plat vel te maak. Die taai papirusstukkies het vanself aan mekaar vasgekleef.

3. Die papirusvel word met 'n klip blink en glad gepoleer.

4. Uiteindelik word 'n paar velle aanmekaargeplak om 'n papirusrol te vorm.

'n Nuwe resep

Soos met baie ander uitvindings, was die Chinese die eerste om behoorlike papier te ontdek. Die antieke Chinese het graag dinge neergeskryf – geskiedenis, lyste, wette, gedigte en stories. In ongeveer die jaar 100 het 'n hofamptenaar genaamd Ts'ai Lun iets goedkoper as sy probeer maak om op te skryf. Hy het stukkies boombas, hennepplante en flenters katoen in water verpulp, die pulp deur 'n droë lap laat dreineer en dit in 'n plat vel uitgedruk. Nadat dit in die son droog geword het, was dit lig, glad en perfek om op te skryf.

Ts'ai Lun het die eerste moderne papier gemaak. Dit was goedkoop en het gou oral byval gevind. Teen 1400 het mense reg oor Europa en Asië heen papier gemaak van flenters lap en 'n pulp van plantmateriaal.

Ts'ai Lun se resep van hennep, materiaalflenters en boombas het sy papier lig, maar sterk gemaak.

Perdebykoekeloer

Vinnig is soveel boeke vervaardig dat papiermakers nie meer genoeg lapflenters in die hande kon kry nie.

Toe, in 1719, merk die Franse wetenskaplike René Réaumur op dat sommige perdebye hout kou om hulle papieragtige neste mee te bou. Hy het besef dat papier dus ook uit soliede hout vervaardig kan word.

Perdebye gebruik hulle kake om stukkies hout van boomstamme af te skraap. Hulle meng dan die hout met hulle speeksel, kou dit tot 'n pulp en gebruik dit om die selle en mure van hul neste te bou. Soos die pulp droog word, verhard dit in 'n soort ligte, sterk papier.

Groot besigheid

Papiermakers het Réaumur se idee om papier van houtpulp te maak, op die proef gestel – en dit het gewerk. Vandag kom die meerderheid papier steeds van hout. Dit word in groot fabrieke vervaardig deur reusagtige papiermasjiene. En die mens gebruik meer papier as ooit.

Teen ongeveer 1400 n.C. het Chinese papiermakers nog 'n bestanddeel by hulle papierresep begin voeg: ou, gebruikte boeke.

Hulle het dus papierherwinning uitgedink. Vandag word meer en meer gebruikte papier herwin – omdat dit die aantal bome wat nodig is om nuwe papier te maak, verminder.

Wanneer papier herwin word, word dit met water gemeng tot dit 'n nat pappery vorm.

Die pappery word dan oor 'n bewegende draadraam gespuit.

Dit word deur rollers gepers, gedroog en dan in groot rolle opgerol.

BOEKE VIR ALMAL

In die Middeleeue was 'n boek nie iets wat elke Jan Rap en sy maat kon besit nie. Boeke was skaars en baie duur, omdat dit so lank geneem het om 'n boek te maak. Toe Johann Gutenberg dus 'n nuwe, vinniger en makliker manier uitvind om boeke te druk, het hy mense se lewe verander.

Boeke met blaaie
Boeke het nie altyd bladsye gehad nie. Lank gelede is boeke op lang perkamentrolle geskryf wat dan opgerol is. Van ongeveer die jaar 300 af het mense die perkamentrolle begin opvou. Dit het aanleiding gegee tot die idee om los bladsye saam te bind om 'n boek te vorm.

Handgemaakte boeke

Voordat daar drukperse was, is die meeste boeke een vir een met die hand oorgeskryf. In Europa was dit aanvanklik monnike wat in kloosterbiblioteke die meeste van dié tydrowende skryfwerk gedoen het. Van ongeveer 1200 af het professionele skribas (skrywers) ook hierdie werk verrig.

'n Eenvoudige drukmetode wat blokdruk genoem is, het ook bestaan: 'n Mens kon teks en illustrasies op 'n houtblok kerf, ink daaroor smeer en dit dan op papier afdruk. Ook hierdie metode het egter baie, baie tyd in beslag geneem.

Blokgedrukte boeke het dikwels baie prentjies gehad, omdat dié makliker was om te kerf as woorde.

Los letters

Teen ongeveer 1045 het 'n Chinese man genaamd Bi Sheng met 'n werklik briljante uitvinding vorendag gekom: losletterdrukwerk. In plaas daarvan om bladsye en bladsye woorde uit te kerf, het hy individuele kleiblokkies gemaak wat hy kon rangskik om verskillende teksbladsye op te maak. Die probleem was egter dat, in pleks van 'n alfabet, die Chinese skrifstelsel uit duisende simbole (karakters) bestaan. Daar was 'n afsonderlike karakter vir elke woord. Dit het Bi se stelsel baie moeilik gemaak om te gebruik, aangesien daar duisende verskillende drukblokkies moes wees.

Die idee van losletterdrukwerk as sulks was nietemin briljant. In Europa sou dieselfde idee later 'n omwenteling in die drukkuns teweegbring.

Vroeë Chinese drukblokkies het een Chinese karakter per blokkie bevat.

Gutenberg kry dit reg

In die 1430's het Johann Gutenberg, 'n juwelier van Strassburg in Duitsland, skielik baie vreemd begin optree. Hy het gedurig by sy vriende geld geleen en vir dae in sy werkswinkel verdwyn. Wat sy vriende nie geweet het nie, is dat hy in die geheim aan 'n nuwe drukmetode aan die werk was.

Hoewel hy waarskynlik nooit van Bi Sheng gehoor het nie, het hy 'n soortgelyke idee gehad – om los letterblokkies te maak vir elke letter van die alfabet. Hy het ook 'n drukpers ontwerp met 'n raam wat al die letters, in bladsye gerangskik, gereed hou om gedruk te word.

Uiteindelik het iemand Gutenberg gedagvaar omdat Gutenberg versuim het om 'n bedrag geld wat hy geleen het, terug te betaal. By gebrek aan kontant het hy sy drukgereedskap oorhandig. Die geheim van sy drukpers was uit en die idee het soos 'n veldbrand versprei. Gou is die een boek na die ander op nuutgeboude drukperse reg oor Europa uitgespeel.

Gutenberg het 'n stelsel ontwikkel om vinnig en maklik 'n groot hoeveelheid metaallettertjies te maak.

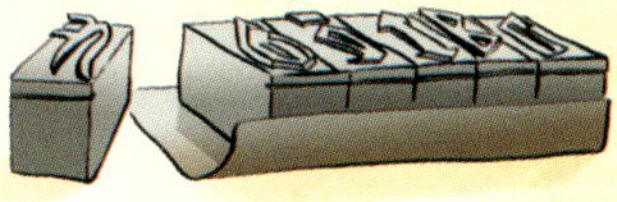

Leesomwenteling

Gutenberg se drukpers was een van die belangrikste uitvindings van alle tye. Deur die letters te herrangskik, kon boekdrukkers hulle drukperse binne 'n paar dae opstel om 'n nuwe boek te maak – en dan duisende kopieë daarvan druk.

Boeke het baie goedkoper en algemeen beskikbaar geword en al hoe meer mense het leer lees. Nou kon almal nuwe dinge leer, gedigte en stories lees en van nuwe idees te hore kom.

Vorentoe!
Deesdae word losletterdrukwerk baie selde gebruik. Ander uitvindings soos die litografiese drukpers en gerekenariseerde digitale laserdrukwerk het boekproduksie nog vinniger gemaak. Maar Gutenberg-tipe drukperse het die boekindustrie vir ongeveer 400 jaar oorheers, van 1450 tot 1850.

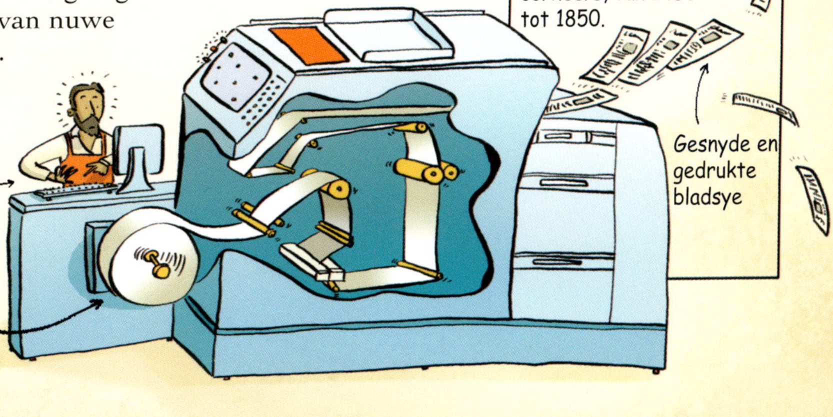

DIE BRILJANTE BALPUNT

'n Mens kry oral balpuntpenne. Miljoene en miljoene en MILJOENE daarvan word daagliks verkoop, reg oor die wêreld heen. En dit alles te danke aan een man: Meneer Biró.

Wie was Biró?

Laszlo Biró was 'n skrywer en kunstenaar wat in die 1930's in Hongarye gewoon het. Hy het as joernalis gewerk en moes altyd dinge neerskryf. Maar hy't morsige vulpenne verpes! In daardie dae was dit waarmee mense moes skryf. 'n Vulpen het 'n staalpenpunt gehad en 'n klein "tenk" (wat 'n reservoir genoem is) wat 'n mens met ink moes vul. Ongelukkig het dié metode vir heelwat inkkolle en -blertse gesorg.

Eendag, tydens 'n besoek aan 'n drukkery, het Biró opgemerk dat drukkersink, anders as gewone pen-ink, nie smeer nie. Hy het drukkersink in sy vulpen gesit, maar dit was so dik en taai dat dit die pen laat verstop het.

Biró het daarom aan 'n manier gedink om die dik drukkersink te laat vloei deur 'n spesiale pen te gebruik met 'n rollende balletjie in die punt. In pleks daarvan dat ink vrylik uit die penpunt vloei, het die taai ink die balletjie bedek en die balletjie het 'n netjiese streep ink agtergelaat soos dit oor die papier rol. Dit werk só:

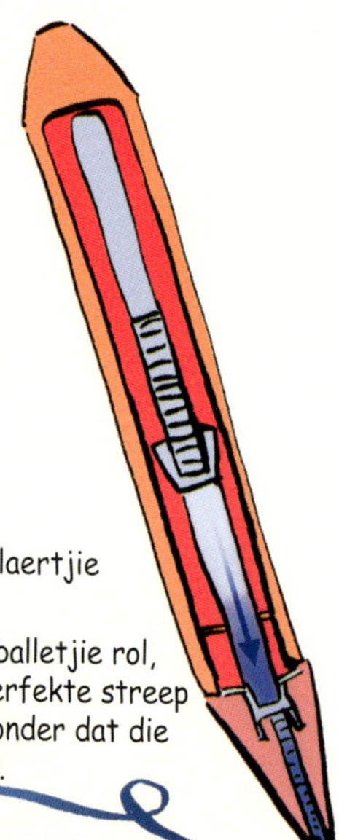

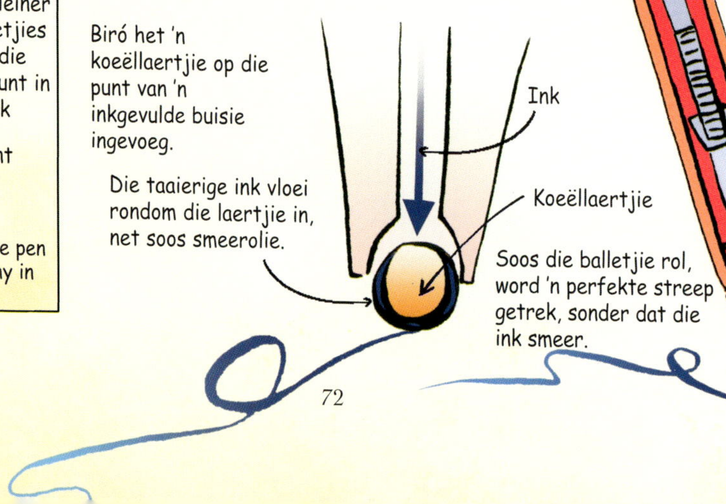

'n Nuwe idee?

Die balpuntpen was Biró se breinkind - maar hy was nie die eerste mens om met só 'n idee te speel nie. Die Amerikaanse uitvinder John Loud het in 1888 'n idee gehad vir 'n tipe balpuntpen, maar hy kon dit nie kry om te werk nie. Biró het egter nie Loud se idee nageboots nie - om die waarheid te sê, hy was nie eens daarvan bewus nie.

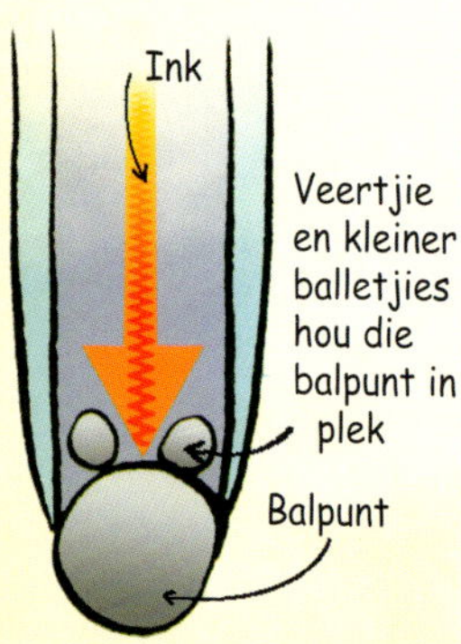

Hierdie skets van Loud se pen kom van die patent wat hy in 1888 ontwerp het.

Ver in die wêreld

Laszlo Biró se broer Georg het hom met die ontwerp gehelp en in 1938 het die twee hulle pen gepatenteer. Toe breek die Tweede Wêreldoorlog in Europa uit, en Laszlo en Georg vlug na Argentinië. Daar het hulle ook Argentynse patentreg op hul uitvinding uitgeneem en verder daaraan gewerk deur nuwe weergawes te ontwerp wat makliker was om te gebruik en te vervaardig.

Balpuntpenne was ideaal vir die lugmag. Dit was nie nodig om dié penne konstant te hervul nie en dit het oral gewerk – selfs hoog bo seespieël.

Die pen is magtiger as die swaard

In 1943, steeds in Argentinië, het Laszlo 'n Britse weermagoffisier met die naam Henry Martin ontmoet. Martin het gedink die blertsbestande balpuntpen is 'n wonderlike idee. Hy het die regte gekoop om balpuntpenne vir die Britse Lugmag te vervaardig. Hierdie penne was so nuttig, betroubaar en maklik om te gebruik dat die woord versprei het en almal daarvan wou koop. Teen Kersfees 1945 was balpuntpenne algemeen in Brittanje, Argentinië en die VSA te koop. Hoewel die eerste modelle redelik duur was, was dit 'n wegholsukses. Dié nuwe geriefie het by die duisende verkoop.

Die Bic® Cristal™-balpuntpen is 'n voorbeeld van 'n klassieke ontwerp. Vandag is daar miljarde sulke penne in die wêreld.

Birós vir almal

In die 1950's het die Franse maatskappy Bic 'n manier gevind om spotgoedkoop, massavervaardigde balpuntpenne te vervaardig. Dit is die Bic® Cristal™ gedoop en het die wêreld oorgeneem.

Vandag is daar duisende maatskappye wat balpuntpenne onder verskeie name vervaardig. Maar in Britse Engels word die uitvinder hiervan steeds onthou met die woord "biro" – wat in omgangstaal as die woord vir 'n balpuntpen gebruik word.

Moenie dat dit jou laat sweet nie!
Het jy geweet dis aan Biró te danke dat ons vandag aanrolreukweerders het? Die reukweerdermaatskappy Mum het die rolpuntidee van Biró se pen in 1952 gebruik om 'n nuwe manier te ontwikkel om reukweerder aan te wend.

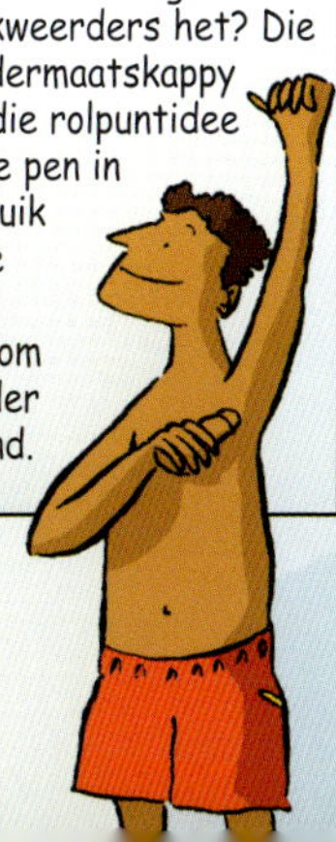

'N BOODSKAP WAT PLAK

Wil jy vir jou vriend 'n briefie los, handige aantekeninge in 'n skoolboek maak of onthou dat jy 'n TV-program moet opneem? 'n Plaknota of "Post-it®-nota" is net die regte ding hiervoor. Dis een van die eenvoudigste en handigste uitvindings van die 20e eeu.

Kleefvrye gom

In 1968 het dr. Spencer Silver vir die Amerikaanse maatskappy 3M gewerk – 'n maatskappy wat verskeie soorte kleeflint en chemiese bekledings vervaardig het. Hy was 'n nuwe, ekstra sterk gom aan die ontwikkel – maar sy eksperimente het heeltemal die teenoorgestelde opgelewer: 'n soort gom wat amper glad nie klewerig was nie. As 'n mens iets daarmee geplak het, het dit maklik weer losgekom.

Silver en sy base het geweet dat dié gom vir iets gebruik sou kon word. Maar waarvoor? Silver het oorweeg om 'n aansteekbord daarmee te bedek, sodat notas op die bord geplak en weer afgetrek kon word. Dié idee het egter nie regtig byval gevind nie.

Klouende balletjies

Hoe werk Spencer Silver se kleefvrye gom? Dié gom word gemaak van 'n soort chemikalieë wat piepklein balletjies vorm wat "akrielkopolimeriese mikrosfere" genoem word en nie dikker is as papier nie.

Die balletjies is in der waarheid baie taai – maar omdat net 'n klein deeltjie van elke balletjie met die plat oppervlak in aanraking kom, kan die gom maklik afgetrek word.

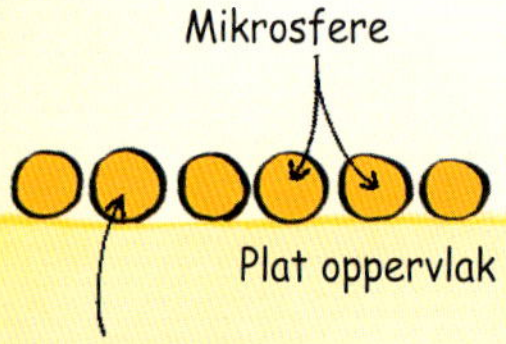

Die mikrosfere se vorm maak dit maklik om af te trek.

Koorkatastrofe

Spring nou vinnig vorentoe na 1974, toe nog 'n 3M-werker, Art Fry, in sy kerk se koor gesing het. Fry moes elke Sondag die toepaslike gesange in sy gesangeboek merk en hy het daarom papiertjies as boekmerke gebruik. Maar die papiertjies het alewig uitgeval, wat hom op die vloer laat rondskarrel het.

"Taai gom sal die ding doen!"

Toe onthou Art Fry die kleefvrye gom wat sy kollega ontdek het. Hy het 'n bietjie van die gom by die werk geneem en 'n bietjie daarvan al langs die rand van 'n stukkie papier probeer smeer. Siedaar! Hy het plakboekmerke ontdek! Dit het aan die bladsy vasgeplak, maar kon maklik verwyder word sonder om die bladsy te skeur.

'n Boodskap vir jou

Terug by die werk het Fry sy idee in 'n behoorlike maatskappyproduk begin omskep. Dit het 'n hele paar jaar geduur voordat wetenskaplikes by die maatskappy dit kon regkry dat die kleefvrye gom permanent aan die boekmerk vassit, sonder om aan die boek te kleef.

Eendag, terwyl hy met eksperimente besig was, het Fry vir 'n vriend 'n nota geskryf op een van sy boekmerkies. Die vriend het 'n antwoord daarop geskryf en dit weer op Fry se lessenaar geplak. Kort voor lank het baie van die mense wat by 3M gewerk het dieselfde begin doen. Die plakkende stukkies papier was nie net handige boekmerke nie – dit was ook ideaal vir onthou-om-te-briefies, kort boodskappies en etikette. 3M het dit begin vervaardig en dit vanaf 1980 onder die naam "Post-it® notes" bemark.

Taai oplossings

Niemand het juis gedink hulle het plaknotas nodig nie, totdat dit beskikbaar geword het – en vandag is dit beswaarlik moontlik om daarsonder reg te kom. 'n Mens kry plaknotas oral in die meeste kantore en ander werksomgewings, en ook in miljoene huise en skole. Om die waarheid te sê, daar word jaarliks triljoene plaknotas êrens opgeplak.

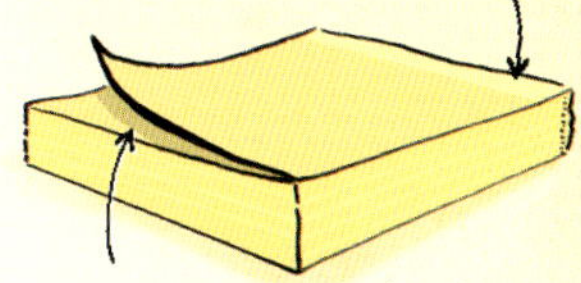

Die klassieke Post-it®-ontwerp is 'n 3 dm (7.5 cm) vierkant in 'n dowwe kanariegeel. Een rede waarom Post-it®-notas so goed werk, is omdat dit uitstaan van die oppervlakte waarop dit aangebring word, wat dit maklik maak om dié boodskappe en onthounotas raak te sien.

Nuwe weergawes
Hoewel 3M hulle Post-it®-notas gepatenteer het, word plaknotas vandag deur verskeie ander maatskappye gemaak. 'n Mens kry plaknotas in 'n hele spektrum kleure en in prettige vorms, soos byvoorbeeld telefone en spraakborrels. 'n Mens kry selfs elektroniese weergawes wat 'n virtuele plaknota op jou rekenaarskerm laat verskyn.

BRAILLE, DIE SLIMKOP

Louis Braille het in sy vroeë kinderjare blind geword – maar hy kon hom net nie berus by 'n lewe sonder boeke nie. Daarom het hy sommer nog in sy tienerjare met 'n skitterende uitvinding vorendag gekom …

Benewens die feit dat hy 'n briljante student was, het Louis ook tjello en orrel leer speel. Musiek was iets wat hy net so goed soos vroeër kon geniet.

Braille se kinderdae

Braille is in 1809 in Frankryk gebore. Op driejarige ouderdom het hy, terwyl hy in sy pa se werkswinkel speel, 'n els ('n stuk gereedskap met 'n skerp punt) in sy oog gesteek. Hy het 'n infeksie in beide oë gekry en gevolglik blind geword. Louis was egter baie slim en sy ouers wou nie dat sy gebrek hom van sy opvoeding ontneem nie. Hy het saam met die ander kinders na die dorpskool toe gegaan en toe hy 11 word, is hy na 'n spesiale skool vir blindes in Parys gestuur.

Die skool se boeke vir blindes het uit bladsye met yslike groot, verhewe letters bestaan. So 'n boek was baie groot en swaar.

'n Bielie van 'n boek

Die skool vir blindes waarheen Louis gegaan het, het 'n paar boeke gehad met verhewe letters wat die studente kon voel. Dit was egter 'n nagmerrie om hierdie boeke te lees. Om die voel makliker te maak, was die letters yslik groot en dit het 'n ewigheid geneem om te lees. Louis was daarvan oortuig dat daar 'n beter manier moes wees.

Op 'n dag in 1821 het 'n weermagkaptein genaamd Charles Barbier die skool besoek. Hy het 'n kode bestaande uit opgehewe kolletjies ontwikkel, wat hy "nagskrif" genoem het, met die idee dat sy soldate daarmee saans in die donker boodskappe kon uitruil. Die soldate het hierdie kode egter te lomp gevind om tydens sendings te gebruik. Barbier het gewonder of die skool vir blindes nie dalk 'n nut daarvoor sou hê nie. Louis was geweldig opgewonde toe hy dié kode vir die eerste keer voel. Dit was moeilik om te gebruik, maar het hom 'n idee gegee. Hy het besluit om sy eie, beter weergawe te ontwerp.

Barbier se "nagskrif" het verhewe kolletjies gebruik om verskillende klanke te verteenwoordig.

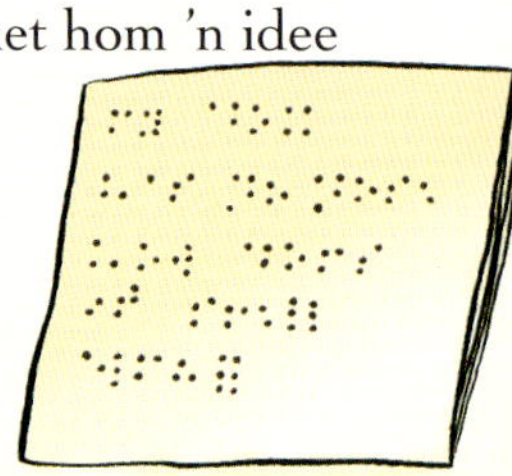

Die simbole in Barbier se kode was so groot dat 'n mens jou vinger moes rondbeweeg om die kolletjies in elke simbool te tel.

Louis se letters

Louis het besef die rede waarom Barbier se kode so moeilik lees, was omdat elke groep kolletjies ('n "sel" genoem) te groot was om met 'n enkele vingerpunt te voel. Hy het daarom 'n nuwe soort sel ontwikkel met plek vir net 6 kolletjies. Hoewel die sel kleiner was, het Louis genoeg kolletjiepatrone saamgestel om elke letter van die alfabet te verteenwoordig. Só kon hy gewone woorde en sinne in sy kode skryf. Die skrif kon vinnig gelees word, met net een vinger. Blindes kon op hierdie manier nie net lees nie, maar ook skryf – deur self kolletjies in papier te druk.

Met 'n maksimum van 6 kolletjies was dit maklik om Braille se letters onmiddellik uit te ken. 'n Mens kon lees deur net jou vinger oor die geskrewe reëls te beweeg.

Die wêreld word verander

Die eerste boek in Braille-skrif het in 1827 verskyn, toe Louis 18 jaar oud was. Die kode het aanvanklik nie juis aftrek gekry nie. Ná Braille se dood eers het mense uiteindelik die waarde daarvan besef. Vandag word Braille reg oor die wêreld heen gebruik. Dit stel blinde mense nie net in staat om boeke te lees nie, maar ook om rekenaars en die internet te gebruik.

Die basiese Braille-alfabet

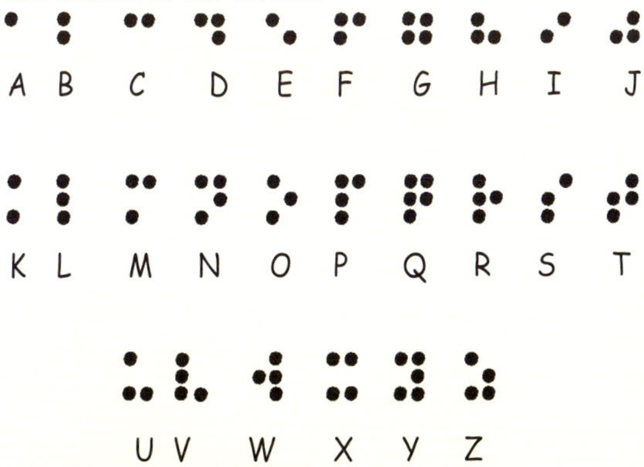

En ná Braille?
Heelwat blindes gebruik Braille-skerms wat aan 'n rekenaar gekoppel kan word en 'n teksbladsy omskep in 'n reeks pennetjies wat aangeraak kan word soos wat dit opspring. Nadat 'n reël gelees is, kan die gebruiker die Braille-skerm "skoonmaak" om daaropvolgende reëls te kan lees. Nuwe tegnologie skakel deesdae teks na stem oor en sommige blinde kinders kan dít gebruik in plaas van om Braille te leer lees. Braille sou dus met verloop van tyd iets van die verlede kon word.

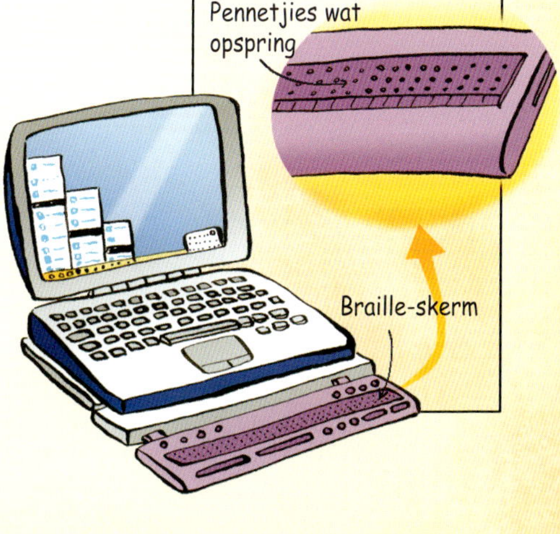

SKRYFGEREEDSKAP
DEUR DIE EEUE HEEN

Skrif is ontsettend nuttig – dit stel ons in staat om feite te bewaar, lyste te maak en boodskappe te stuur. En mense skryf al vir meer as 5000 jaar.

3200 v.C. Kleistene

Spykerskrif, die eerste bekende skrifvorm het in die antieke Middeoosterse beskawing van Sumerië ontstaan, meer as 5000 jaar gelede. Mense het só geskryf deur 'n wigvormige riet in nat klei te druk om prentjies te maak.

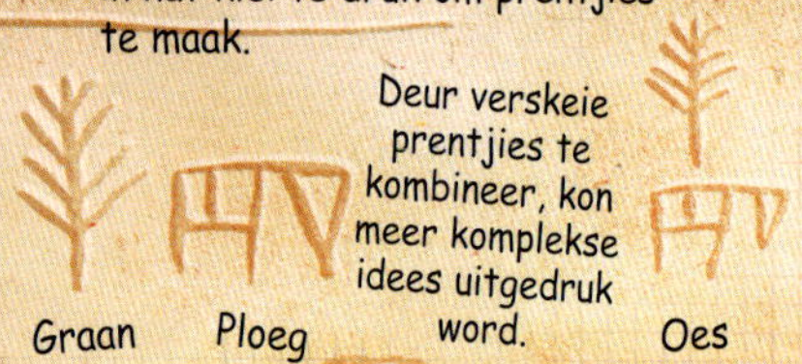

Deur verskeie prentjies te kombineer, kon meer komplekse idees uitgedruk word.

2500 v.C. Kwas en ink

Meer as 4000 jaar gelede het mense in Egipte en China met eenvoudige penne en kwaste wat in ink gedoop is, geskryf. Die eerste ink is gemaak deur roet met water te meng.

1300 v.C. Was en stilus

Van ongeveer 3300 jaar gelede het die Romeine 'n skerp voorwerp wat 'n stilus genoem is, gebruik om letters uit te krap op 'n houtbord wat met 'n lagie was bedek is.

600 n.C. Veerpenne

Veerpenne, wat gemaak is met voëlvere wat teen 'n hoek gesny is, dateer uit ongeveer 600 n.C. Dis in Spanje ontdek en het gaandeweg dwarsoor Europa heen gewild geraak.

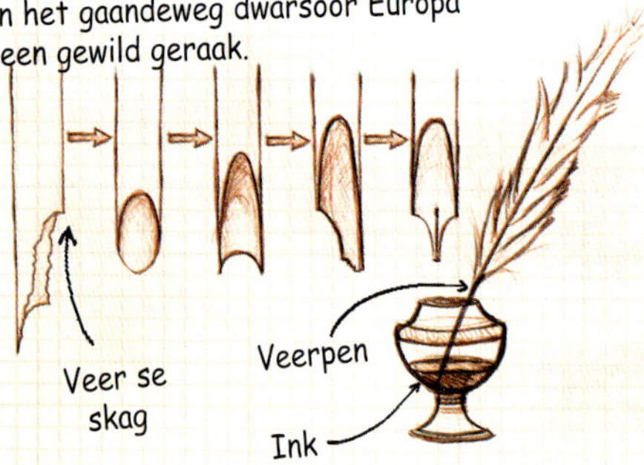

1500 Potlode

Potlode is in die vroeë 1500's ontwikkel nadat 'n grafietmyn in Engeland ontdek is en mense agtergekom het grafiet werk goed om merke mee te maak. Hulle het potlode gemaak deur 'n stukkie grafiet in 'n houtomhulsel in te steek.

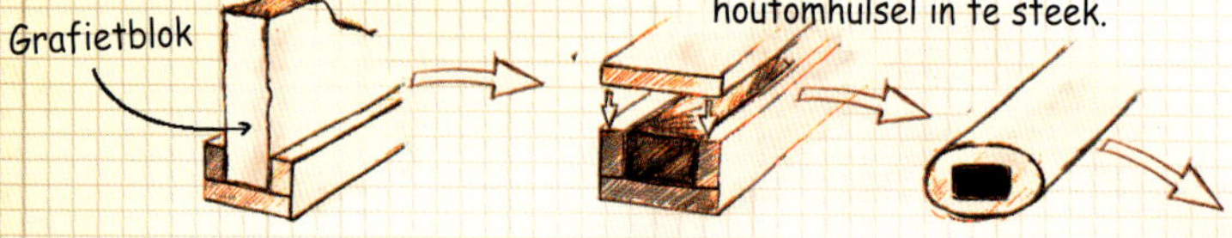

'n Stuk hout met 'n vierkantige groef is gesny en 'n stafie grafiet is in die groef gepas.

Die grafiet is dan gelyk met die bokant van die groef afgebreek. 'n Dun lagie hout is dan bo-op vasgeplak, en die grafiet is só deur hout omhul.

Om 'n gladder potlood te maak, kon die hout hierna geskuur en gevorm word.

1803 Metaalpenpunt

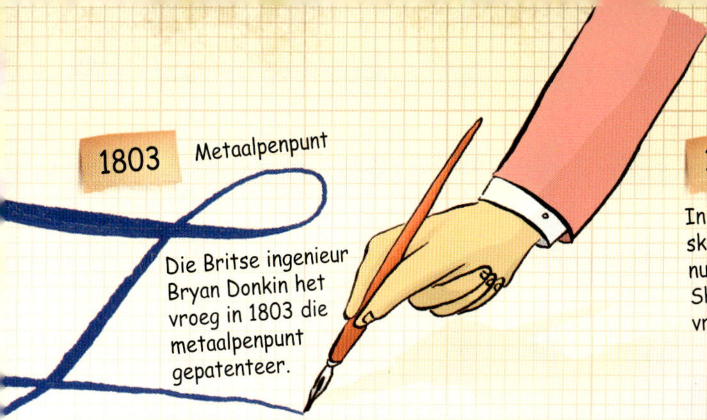

Die Britse ingenieur Bryan Donkin het vroeg in 1803 die metaalpenpunt gepatenteer.

Teen 1850 het die meeste mense penne met metaalpunte wat in ink gedoop is, gebruik.

1868 Die tikmasjien

In 1868 het 'n nuwe manier van skryf op die toneel verskyn toe nuusredakteur Christopher Latham Sholes, met die hulp van 'n groep vriende, die tikmasjien ontdek het.

1884 Vulpen

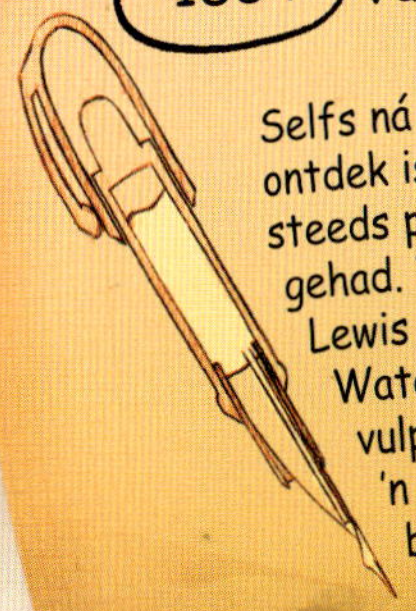

Selfs ná tikmasjiene ontdek is, het mense steeds penne nodig gehad. In 1884 het Lewis Edson Waterman die vulpen ontdek, wat 'n eie inkvoorraad bevat het.

1938 Balpuntpen

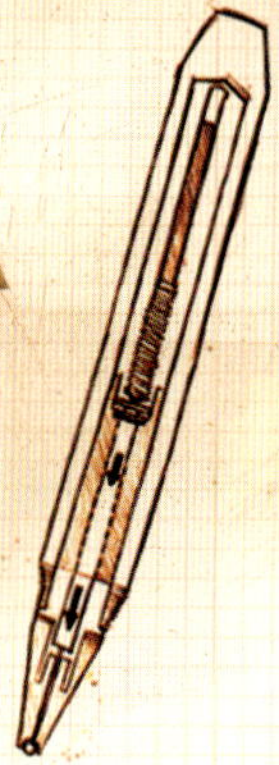

Laszlo Biró patenteer die eerste werkende balpuntpen (ook 'n biro genoem) in 1938 (kyk p. 72 vir sy storie)

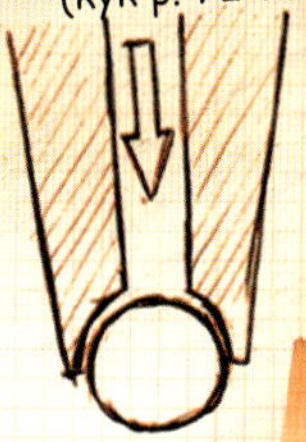

1962 Viltpen

Viltpenne is in 1962 deur Japannese kunsmateriaalvervaardigers Masao Miura en Yukio Hori ontdek.

1978 Woordverwerker

Soos rekenaars ontwikkel het, is elektriese en gerekenariseerde tikmasjiene gebou. Teen ongeveer 1978 het woordverwerkingsagteware, wat op 'n rekenaar gebruik kon word om enigiets van briewe tot romans te skryf, stadigaan tikmasjiene begin vervang.

Woordverwerkingsagteware stel 'n mens in staat om veranderings aan te bring en foute reg te maak voordat 'n dokument uitgedruk word.

DOER ONDER ...

Daar's verskeie redes waarom 'n mens onder die water sal wil wees – om na die natuurlewe te kyk, vis te vang of verlore skatte te soek. Maar mense kan nie onder water asemhaal nie – en daarom moes uitvinders duikpakke ontwikkel.

Lugborrels

Vanaf die vroegste tye het mense potte en vate gebruik om eenvoudige duikklokke te maak wat lug onder water kan berg. Die antieke Griekse wetenskaplike Aristoteles het meer as 2300 jaar gelede oor dié gebruik geskryf. Die probleem was dat die suurstof in die lug gou opgeraak het – en duiksessies moes daarom maar kort wees.

Asemhalingspype

Mense het gou daaraan gedink om 'n duiker se mond met 'n asemhalingspyp aan die oppervlak te verbind – maar dié plan het net in baie vlak water gewerk. In baie diep water is die waterdruk so groot dat dit 'n mens se borskas indruk en dit moeilik maak om lug in te asem.

In 1650 het Otto von Guericke die lugpomp ontwikkel om hom vakuums (lugleegtes) te help skep vir sy eksperimente. In 1837 het die Duitse uitvinder Augustus Siebe hierdie tegnologie gebruik om die eerste duikpak te ontwerp. Hierdie duikpak het 'n lugpomp gebruik om lug in die pyp af te forseer en die duiker só gehelp inasem.

Al dobberende ...

Hoewel duikpakke soos Siebe s'n vir meer as 'n eeu gebruik is, was dit ver van ideaal. Die vroeë soorte materiaal was baie swaar en duikers moes voetjie vir voetjie vorentoe beweeg. En omdat die pak aan die oppervlak verbind was, kon die duiker ook nie vryelik rondbeweeg nie.

Die antwoord was natuurlik om 'n suurstofvoorraad saam te neem onder water. In 1865 was die Franse uitvinders Benoît Rouquayrol en Auguste Denayrouze die eerste om hierdie idee te toets, deur 'n tenk vol druklug op die duiker se rug vas te maak.

Rouquayrol en Denayrouze se duikpak het wel 'n lugvoorsieningspypie gehad, maar dit kon ontkoppel word om die duiker 'n paar minute vryheid te gee.

SCUBA-uitrustings

Hierna het baie uitvinders met druklugtenks en suurstoftenks begin eksperimenteer. Hierdie tenks het as SCUBA-toerusting bekend geword – Self-Contained Underwater Breathing Apparatus (Selfstandige Onderwater Asemhalingstoestel). Daar was egter 'n groot probleem. Soos die tenks onder hoë druk lug vrystel, het sommige duikers gesterf omdat hulle te vinnig te veel suurstof ingeasem het.

Die ongelooflike duiklong

Die oplossing is in 1945 gevind, te danke aan die Franse onderwaterpionier Jacques Cousteau en sy vriend Emile Gagnan. Hulle het 'n spesiale klep ontwerp wat lug uit die tenk kon vrystel teen presies dieselfde druk as die omringende water, sodat duikers veilig en maklik kon asemhaal. Hulle het hierdie nuwe duiktoerusting die "duiklong" gedoop.

Uiteindelik kon duikers veilig verken. Cousteau het later die ongelooflike vryheid wat hy ervaar het toe hy die duiklong vir die eerste keer getoets het, soos volg beskryf ...

DIE SAG-HARD-MASJIEN

As jy musiek neem, is die kans goed dat jy leer klavier speel – die bekendste, mees bespeelde instrument van almal. Maar het jy geweet die klavier is 'n meer onlangse uitvinding as die meeste ander instrumente?

PLONK!

Hoe snare klank voortbring
Klanke word gemaak wanneer voorwerpe vibreer of vorentoe en agtertoe skud. Heelwat instrumente werk deur snare te slaan, te pluk of te bestryk om dit te laat vibreer. Hoe groter die vibrasie, hoe harder is die klank.

Hoewel daar 'n paar honderd jaar gelede verskeie klawerbordinstrumente was, sou jy deur daarna te luister, maklik kon dink dat dié instrumente deur robotte bespeel is (behalwe nou vir die feit dat robotte toe nog nie bestaan het nie). Maak nie saak hoe hard jy op een van die toetse druk nie, die klank wat dit maak, was dieselfde: PLONK!

Die tipiese klawerbordinstrument was die klavesimbel, wat soos 'n klavier gelyk het, maar slagpennetjies en draadsnare gehad het. Wanneer 'n mens 'n toets op die klawerbord druk, pluk 'n slagpennetjie die snaar, altyd op dieselfde manier en altyd teen dieselfde volume. Daar was dus nie juis klankvariasie nie!

Plienk!

Daar was wel 'n ander instrument, die klavichord, wat oor volumebeheer beskik het. Wanneer 'n mens 'n toets op 'n klavichord druk, slaan 'n stukkie metaal die snaar. Deur harder op die toets te druk, word die klank harder gemaak. Maar oorhoofs beskou, was die klavichord maar baie sag. Dit kon skaars 'n kleinerige vertrek met klank vul en was dus nutteloos vir konserte.

'n Klavichord-toets

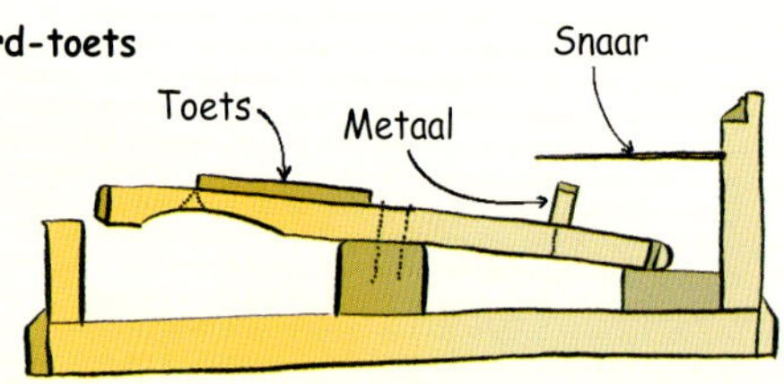

Sewentiende-eeuse komponiste was uitgekuier met klavesimbels. Hulle wou graag iets nuuts hê.

"Ons wag!"

Klawerbordkomponiste het moeg daarvoor geraak om eindelose trillers en lopies by hulle klavesimbelmusiek in te komponeer om dit interessanter te maak. Wat hulle regtig wou hê, was 'n klawerbord wat emosies kon uitdruk, soos 'n viool.

Die behendige Cristofori

In 1698 het die Italiaanse klavesimbelmaker Bartolomeo Cristofori besluit om die probleem van die kletterende toetsbord aan te spreek. Hy het 'n "gravicembalo col piano e forte" gebou – 'n klavesimbel met hard en sag. Teen 1709 het hy al drie hiervan gebou. Só het hy dit gedoen:

'n Klaviertoets

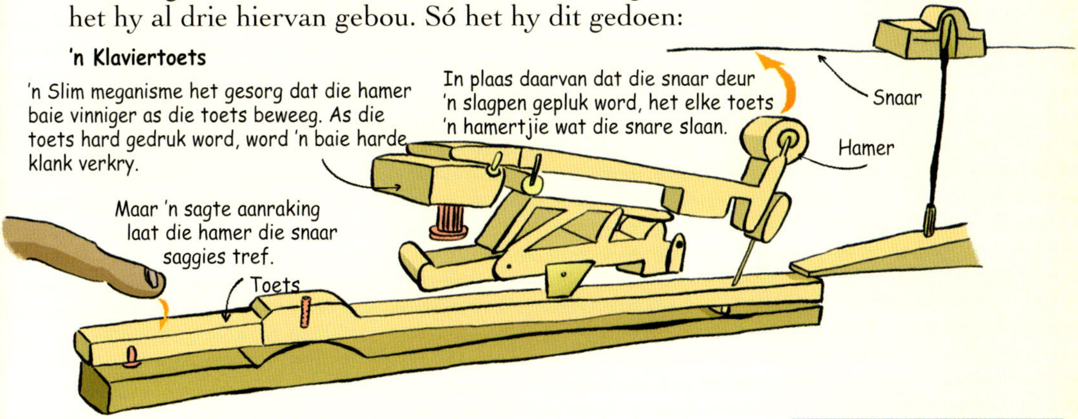

Die instrument het 'n ryk, klokhelder klank voortgebring, hard of sag, afhangend van hoe hard die toetse gedruk word. Komponiste het spoedig almal musiek geskryf vir die nuwe "pianoforte" of klavier.

'n Naam vir die klavier
Cristofori se naam vir sy uitvinding, "gravicembalo col piano e forte" is afgekort tot "pianoforte", wat "sag-hard" beteken. Dít is verder verkort na "piano", wat "sag" beteken.

Van vleuel tot elektronies

Klaviermakers het met allerlei verskillende ontwerpe eksperimenteer, onder andere die regop klavier – wat mense in staat gestel het om 'n klavier in 'n gewone huis te kan hê. Vandag het ons ook kontaksensitiewe elektriese klawerborde, wat die klank van 'n regte klavier kan naboots.

Cristofori se eerste klaviere was groot en langwerpig, soortgelyk aan die ontwerp wat ons vandag 'n vleuelklavier noem.

FOTO'S NEEM

Hoe dit werk
Ligstrale beweeg in reguit lyne. Wanneer lig wat van 'n voorwerp af reflekteer word deur 'n klein gaatjie beweeg, ruil die ligstrale om en 'n onderstebo beeld word gevorm.

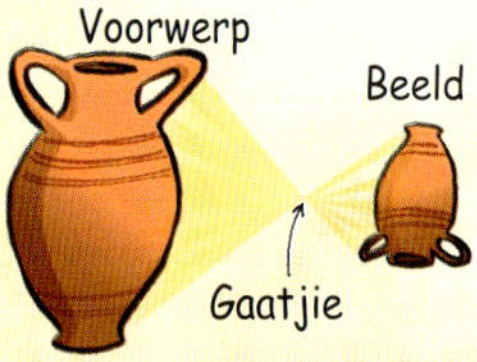

Vir eeue het mense gewens hulle kan beelde uit die werklike lewe op papier vasvang. Vandag kan ons dit doen – danksy die uitvinding van die kamera.

Die "camera obscura"

Die heel eerste soort kamera was die "camera obscura" – Latyn vir "donker kamer". 'n Camera obscura was 'n donker kamertjie met 'n piepklein gaatjie in een muur wat lig ingelaat het. 'n Onderstebo beeld van die toneel buite die kamertjie het dan op die muur oorkant die gaatjie verskyn. Die Arabiese wetenskaplike en uitvinder Alhazen het in ongeveer 1020 'n vroeë weergawe van die camera obscura gebou – byna 1000 jaar gelede.

Alhazen was 'n boorling van Basra, in wat vandag Irak is, maar hy het baie jare in Egipte deurgebring. Hy het heelwat ontdekkings oor lig, lense en sig gemaak.

Prentjiebokse

Vanaf die 1500's het kunstenaars klein camera obscuras gebruik om hulle akkurate sketse te help maak. Die boks het 'n beeld van buite opgevang en dit dan op 'n glasskerm laat val, sodat dit nagetrek of afgeteken kon word. Hoewel kunstenaars dit dus kon oorteken, kon hulle die beelde nie fisies behou of op papier afdruk nie. Die beelde het uit lig bestaan, en is slegs deur die camera obscura gestalte gegee.

'n 16e-eeuse kunstenaar gebruik 'n boks-camera obscura. Kunstenaars het 'n vel papier op die glasskerm neergesit en die beeld dan nageteken.

Die eerste foto

Met verloop van tyd het wetenskaplikes vasgestel dat sekere chemikalieë van kleur verander wanneer lig daarop geskyn word. In 1826 het die Franse wetenskaplike Joseph Niépce 'n vel metaal wat met bitumen ('n chemiese stof) bedek is binne-in 'n camera obscura geplaas. Hy het die camera obscura vir agt ure voor 'n venster opgestel. Die lig wat op die bitumen geskyn het, het 'n permanente beeld agtergelaat – die eerste foto ooit.

Die afbeelding van geboue, dakke en 'n boom wat Niépce gemaak het, was die eerste werklike foto.

Vinniger foto's

Mense moes vir 'n halfuur tjoepstil sit om 'n Daguerrotipe-portret te laat maak.

Niépce se uitvinding was geniaal – maar nie juis bruikbaar nie. Dit het agt ure geneem om een foto te neem! In die loop van die 1830's het uitvinders dus maniere uitgetoets om die fotografieproses te versnel.

Die Fransman Louis Daguerre het 'n manier ontdek om beelde vas te lê op kopervelle wat met chemikalieë bedek is. Sy foto's, wat Daguerrotipes genoem is, het 'n halfuur geneem om te maak. Intussen het die Engelse uitvinder William Fox Talbot papier met 'n lagie chemikalieë oor in pleks van kopervelle gebruik. Dit het binne minute gewerk en elke foto kon oor en oor gedruk word.

Talbot se papier het 'n "negatiewe" beeld geskep, wat gebruik kon word om baie kopieë van 'n foto te maak.

Foto's vir almal

Kodak No. 1

Teen die 1850's kon enigiemand sy of haar foto in 'n ateljee laat neem. En in 1888 het die Amerikaanse sakeman George Eastman die Kodak No. 1 bekend gestel: die eerste kamera wat mense tuis kon gebruik. Vandag, met digitale kameras en selfoonkameras, het feitlik almal 'n kamera en word miljoene oomblikke daagliks op foto's vasgelê.

ALLEDAAGSE UITVINDINGS

Daar's nog plek in hierdie boek vir nog 'n paar uitvindings – 'n keuse van alledaagse voorwerpe, toestelle en gereedskap waarsonder ons die daaglikse lewe skaars kan voorstel.

6400 v.C. Spieël

Vroeë spieëls is van obsidiaan gemaak - 'n soort natuurlike glas afkomstig uit vulkane - wat gesny en blink gepoleer is.

Die spieël is een van die oudste alledaagse uitvindings - dit is meer as 8000 jaar gelede ontdek. Die eerste spieëls waarvan ons weet, is in die ruïne van Catal Huyuk gevind - 'n nedersetting uit die Steentydperk in wat vandag Turkye is.

2000 v.C. Slot en grendel

Die deurslot is ongeveer 4000 jaar gelede in antieke Egipte ontdek.

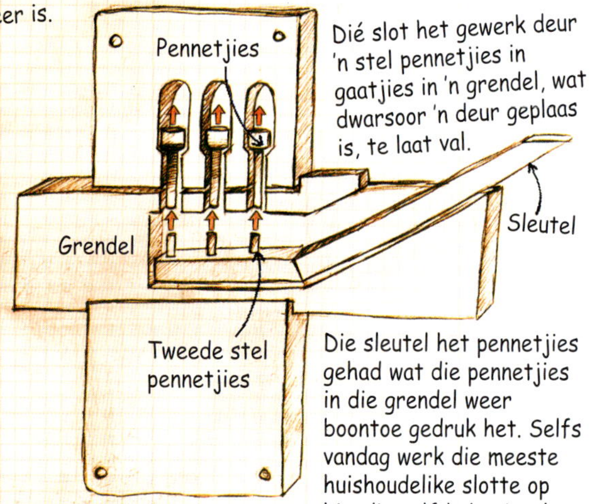

Dié slot het gewerk deur 'n stel pennetjies in gaatjies in 'n grendel, wat dwarsoor 'n deur geplaas is, te laat val.

Die sleutel het pennetjies gehad wat die pennetjies in die grendel weer boontoe gedruk het. Selfs vandag werk die meeste huishoudelike slotte op hierdie selfde beginsel.

600 v.C. Munte

Die eerste munte is ongeveer 2600 jaar gelede in Lidië gemaak - ook deel van die hedendaagse Turkye. Mense het elektrum ('n mengsel van silwer en goud) by die Pactolusrivier opgetel en dit omvorm na boontjievormige klonte, wat as geld gebruik is.

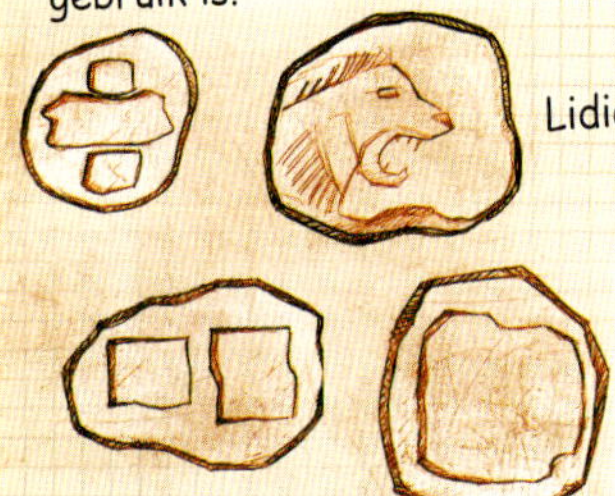

Lidiese munte

Mense het spoedig prentjies op munte begin stempel om die waarde van die munt aan te dui - wat aanleiding gegee het tot plat muntstukke.

1498 Tandeborsels

Die Chinese het die borselhaartandeborsel in 1498 ontdek. Die eerste tandeborsels is gemaak van varkhare, wat aan 'n stukkie been of bamboes vasgesit is.

1938

Tandeborsels met nylonborselhare, soos wat ons vandag gebruik, is vir die eerste keer in 1938 gemaak.

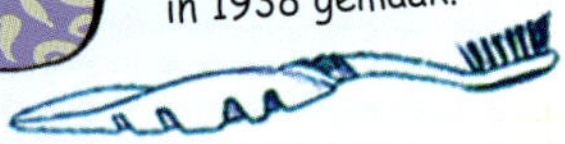

1837 Posseëls

Voordat daar posseëls was, moes 'n mens die koste van elke brief individueel uitwerk na gelang van die gewig daarvan en hoe ver dit gestuur moes word. In 1837 het 'n Engelse onderwyser, Rowland Hill, met die idee van voorafbetaalde posseëls vorendag gekom – met 'n eenvoudige standaardfooi van 'n pennie per brief.

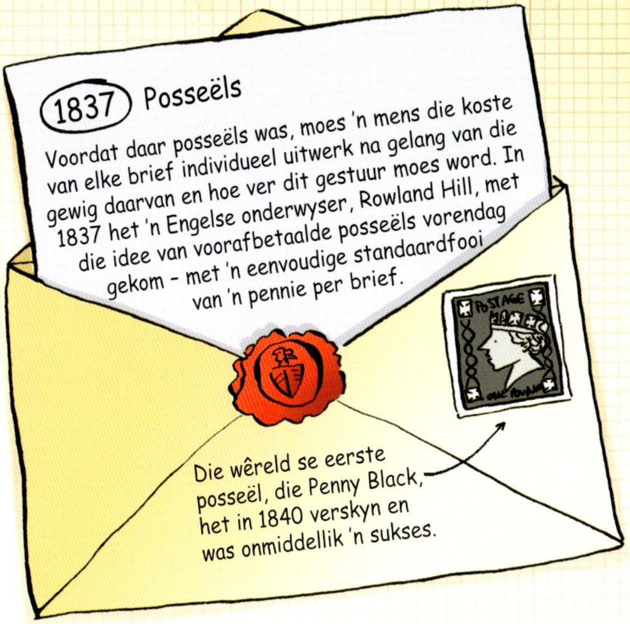

Die wêreld se eerste posseël, die Penny Black, het in 1840 verskyn en was onmiddellik 'n sukses.

1893 Broodroosters

Elektriese broodroosters is in 1893 ontdek – maar het dikwels die brood laat verbrand. Daarom het die Amerikaanse uitvinder Charles Strite 'n broodrooster ontwerp wat die sny brood laat opwip sodra dit gereed is. Aanvanklik is dié toestel net in hotelle en kafees gebruik. 'n Kleiner model, gepas vir tuisgebruik, het in 1926 op die mark verskyn.

'n Vroeë wiprooster uit die 1920's

1899 Skuifspelde

'n Noorweër, Johan Vaaler, het die eerste skuifspeldpatent in 1899 geregistreer.

Vaaler se eerste skuifspeld-ontwerp

Vaaler se ontwerp was 'n eenvoudige reghoek, waarvan die draadjie aan die een kant oormekaar vou.

Die Gem-skuifspeld

Die skuifspelde wat ons vandag gebruik, is gebaseer op 'n ovaalvormige weergawe wat ongeveer dieselfde tyd deur 'n maatskappy met die naam Gem ontwikkel is.

1952 Strepieskodes

Deesdae is daar 'n strepieskode op feitlik alles wat 'n mens koop. In 'n strepieskode word produkbesonderhede en die prys van 'n produk in die vorm van swart en wit strepies (wat deur 'n spesiale skandeerder gelees kan word) gekodeer.

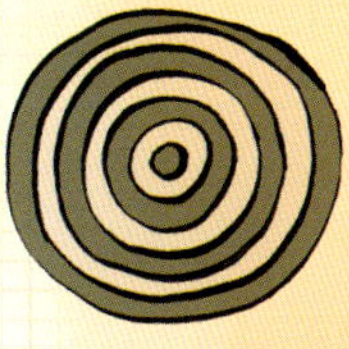

Twee studente, Bernard Silver en Norman Woodland, het die strepieskode in 1952 ontdek. Hulle eerste ontwerp was sirkelvormig, soos 'n kolskyf.

Ná jare se verbeterings is strepieskodes in 1966 vir die eerste keer in winkels gebruik. Reghoekige strepieskodes het in die 1970's algemeen geword.

'n Moderne strepieskode.

1964 Die eerste rekenaarmuis

Die Amerikaanse uitvinder dr. Douglas Engelbart het in 1964 die eerste rekenaarmuis ontdek. Die eerste weergawe was van hout gemaak, het slegs een knoppie gehad en kon basiese wys- en klik-aksies op 'n skerm verrig. Engelbart het sy uitvinding 'n "X-Y posisieaanduider vir 'n vertoonskerm" genoem – maar later besluit om dit 'n muis te noem, omdat die kabel soos 'n muis se stert gelyk het.

Die twee wieletjies het die muis op en af (Y-as) en links en regs (X-as) laat beweeg.

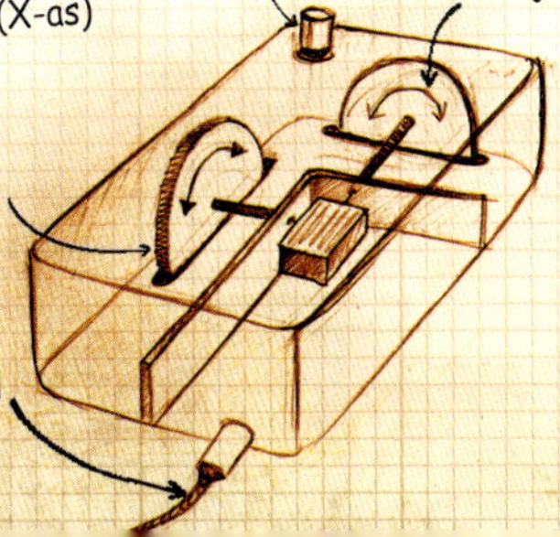

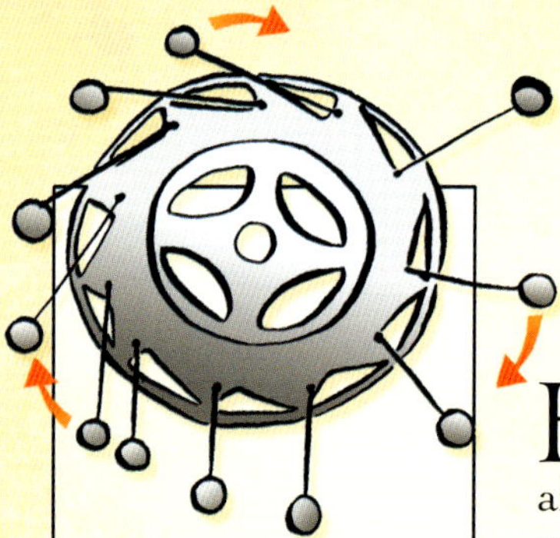

Die waansinnige wiel
Die onewewigtige wiel is 'n klassieke voorbeeld van 'n ewigdurende bewegingsontwerp. Soos die wiel draai, val die swaar hefboompies vorentoe en trek die wiel aan die een kant af. Aangesien die hefboompies se gewig altyd dieselfde is aan beide kante van die wiel, sal dié ontwerp nooit kan werk nie.

LAWWE IDEES?

Hierdie uitvindings het op 'n gegewe oomblik na briljante ingewings gelyk – maar nooit aftrek gekry nie. Dalk word dit eendag tog 'n groot sukses ...?

Ewigdurende bewegingsmasjien

Reeds vanaf die jaar 700 n.C. probeer wetenskaplikes 'n ewigdurende bewegingsmasjien bou – 'n toestel wat vir ewig kan aanhou beweeg sonder 'n energiebron. Niemand kon nog ooit hierdie idee laat slaag nie, maar wetenskaplikes werk steeds aan nuwe weergawes. Indien hulle 'n suksesvolle ontwerp kan ontwikkel, sal dit die wette van die wetenskap verander en 'n oplossing bied vir al die wêreld se energieprobleme.

Een idee vir 'n ewigdurende bewegingsmasjien was 'n windmeul wat krag voorsien aan 'n reuseblaasbalk wat die meul se eie wieke kon laat draai.

'n Selfreinigende huis

Die Amerikaanse uitvinder Frances Gabe het haar selfreinigende huis in die 1950's begin bou – en woon vandag steeds daarin. Die huis het sproeiers wat elke vertrek met seepwater besproei. Die meubels is waterdig en waardevolle artikels word met oortreksels beskerm. Die klerekas was klere, die kombuiskaste was skottelgoed en die boekrakke stof hulself af. Gabe se uitvinding het nooit juis gewild geword nie. Maar nuwe uitvindings soos robotstofsuiers en stofwerende glas kan dalk voor ons weet sorg dat selfreinigende huise die norm word.

Gabe, wat as 'n bouer gewerk het, het haar huis só ontwerp omdat sy huiswerk verpes het.

Plakskuimgeweer

Plakskuim is oorspronklik ontwerp om met 'n geweer gespuit te word na misdadigers wat probeer ontsnap.

Polisiemagte en weermagte oor die wêreld probeer om niedodelike wapens te ontwikkel wat misdadigers in hul spore kan stuit sonder om hul werklik seer te maak. Een idee, wat in die vroeë 1900's ontwikkel is, is 'n taai skuimsproei wat vyande op die plek kon "vasplak"! Wanneer hulle eers vas was, kon hulle egter nie gearresteer of van die toneel af weggeneem word voordat 'n skoonmaakspan daar was nie. En as die skuim iemand in die gesig tref, kon dit die persoon se asemhaling inhibeer. Veilig was dié idee dus nie!

Intussen het uitvinders nuwe gebruike vir plakskuim ontdek, soos om dit vir die bewaking van hoësekuriteitdeure te gebruik. Wanneer oortreders probeer inbreek, bars die skuim uit en keer die oortreders vas. Een van die niedodelike wapens waaraan uitvinders tans werk, is laefrekwensieklankskote, wat mense siek en duiselig laat voel.

Baie lae, diep klanke kan die brein en ander organe aantas en mense duiselig en naar laat voel.

'n Leer in die ruimte in

In die Bybel droom Jakob van 'n leer hemel toe wat deur engele gebruik word. Toe die Russiese wetenskaplike Konstantin Tsiolkovsky in 1895 die Eiffeltoring sien, het hy op sy beurt gedroom van 'n toring wat tot in die ruimte sou strek. Ongelukkig sal geen toring wat so hoog is sy eie gewig kan dra nie. In die 1950's en 1960's het wetenskaplikes 'n nuwe idee ontwikkel – 'n kabel wat die aarde aan 'n satelliet in die aarde se wentelbaan verbind. Op daardie stadium was daar egter nog nie materiaal wat sterk genoeg was om dit moontlik te maak nie.

In die 1990's het NASA egter begin werk aan 'n ontwerp vir 'n nuwe ruimtekabel, gemaak van supersterk koolstof nanobuisvesels. Hoewel daar nog probleme is om uit te sorteer, is hierdie "ruimtehysbak" 'n ernstige plan. Dit sal ruimtereise baie goedkoper en makliker maak as wat dit tans is.

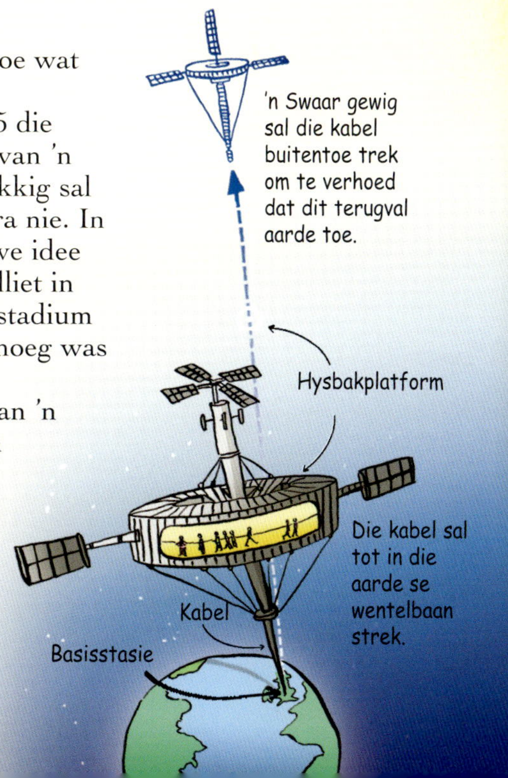

UITVINDINGSTYDLYN

Daar is min uitvindings wat aan 'n spesifieke dag en datum of selfs 'n enkele uitvinder gekoppel kan word. Hierdie tydlyn gee daarom benaderde datums vir wanneer uitvindings op die toneel verskyn het (met gebruik van die "c."-simbool) – met die hoofuitvinders daarnaas.

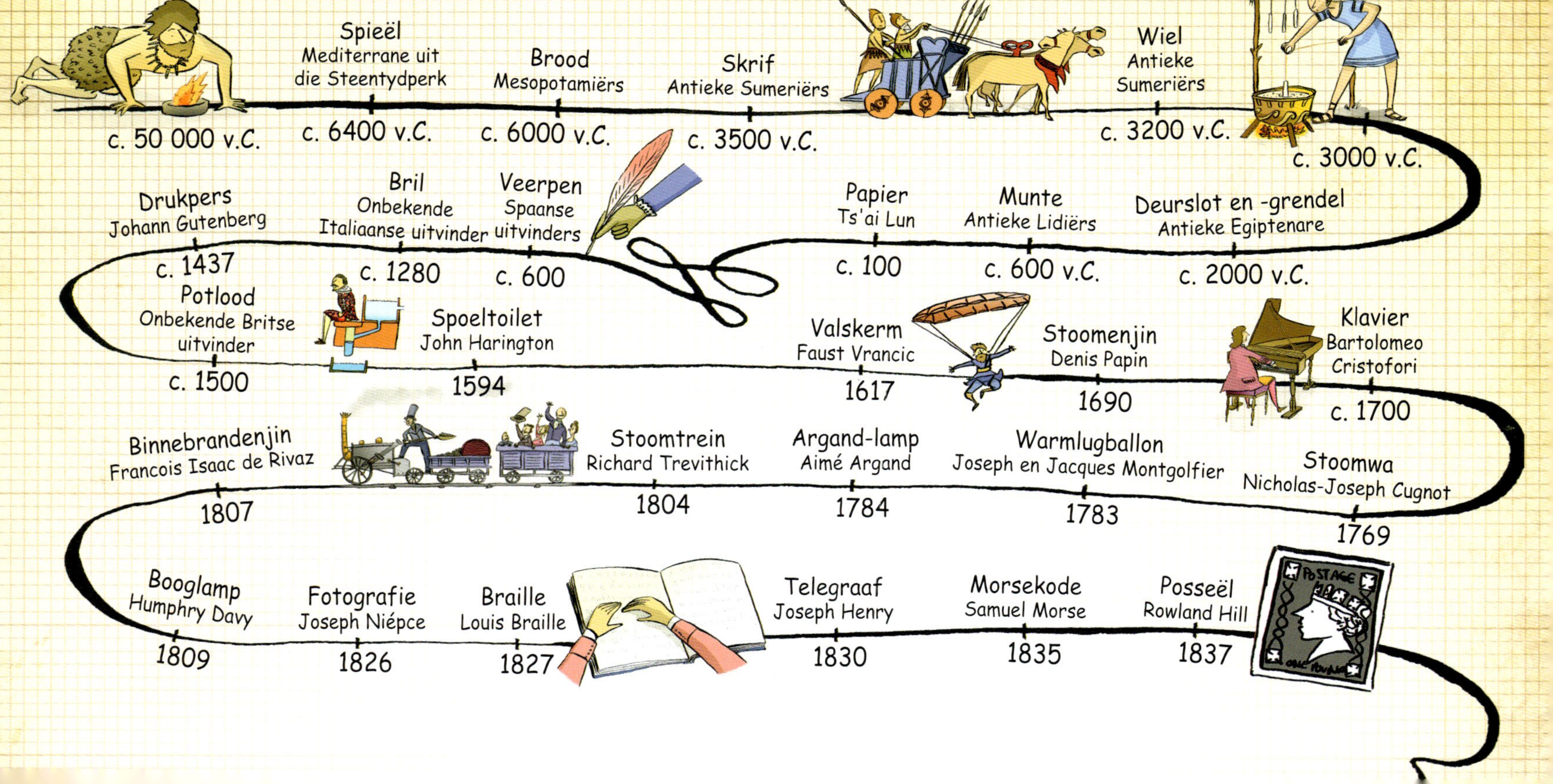

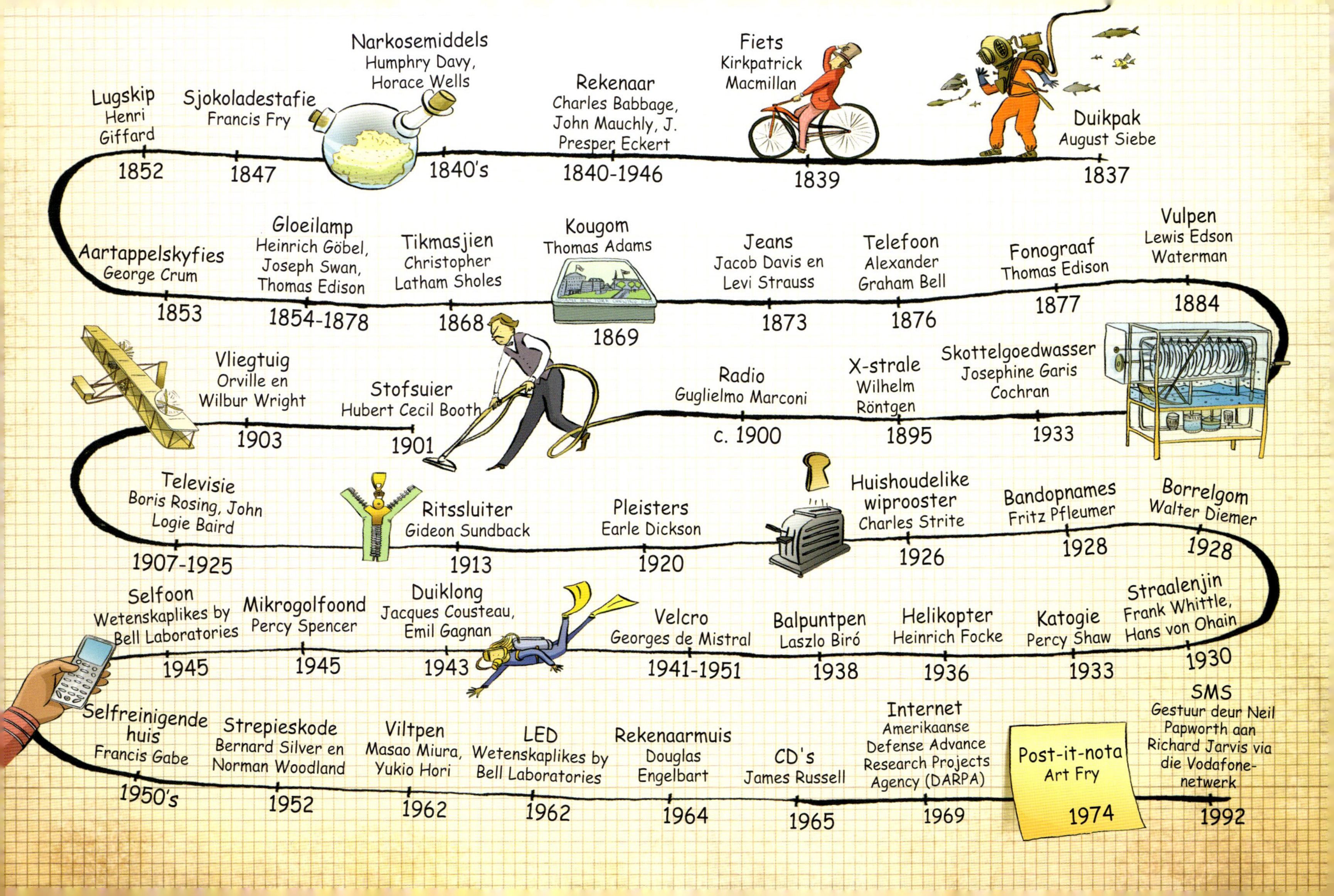

Duikpak August Siebe 1837
Fiets Kirkpatrick Macmillan 1839
Rekenaar Charles Babbage, John Mauchly, J. Presper Eckert 1840-1946
Narkosemiddels Humphry Davy, Horace Wells 1840's
Sjokoladestafie Francis Fry 1847
Lugskip Henri Giffard 1852
Aartappelskyfies George Crum 1853
Gloeilamp Heinrich Göbel, Joseph Swan, Thomas Edison 1854-1878
Tikmasjien Christopher Latham Sholes 1868
Kougom Thomas Adams 1869
Jeans Jacob Davis en Levi Strauss 1873
Telefoon Alexander Graham Bell 1876
Fonograaf Thomas Edison 1877
Vulpen Lewis Edson Waterman 1884
Skottelgoedwasser Josephine Garis Cochran 1933
X-strale Wilhelm Röntgen 1895
Radio Guglielmo Marconi c. 1900
Stofsuier Hubert Cecil Booth 1901
Vliegtuig Orville en Wilbur Wright 1903
Televisie Boris Rosing, John Logie Baird 1907-1925
Ritssluiter Gideon Sundback 1913
Pleisters Earle Dickson 1920
Huishoudelike wiprooster Charles Strite 1926
Bandopnames Fritz Pfleumer 1928
Borrelgom Walter Diemer 1928
Straalenjin Frank Whittle, Hans von Ohain 1930
Katogie Percy Shaw 1933
Helikopter Heinrich Focke 1936
Balpuntpen Laszlo Biró 1938
Velcro Georges de Mistral 1941-1951
Duiklong Jacques Cousteau, Emil Gagnan 1943
Mikrogolfoond Percy Spencer 1945
Selfoon Wetenskaplikes by Bell Laboratories 1945
Selfreinigende huis Francis Gabe 1950's
Strepieskode Bernard Silver en Norman Woodland 1952
Viltpen Masao Miura, Yukio Hori 1962
LED Wetenskaplikes by Bell Laboratories 1962
Rekenaarmuis Douglas Engelbart 1964
CD's James Russell 1965
Internet Amerikaanse Defense Advance Research Projects Agency (DARPA) 1969
Post-it-nota Art Fry 1974
SMS Gestuur deur Neil Papworth aan Richard Jarvis via die Vodafone-netwerk 1992

WOORDELYS

Atome – Piepklein deeltjies waaruit voorwerpe bestaan.
Bakterieë – 'n Baie klein lewende organisme.
Digitaal – Digitale toestelle, soos rekenaars, berg inligting deur gebruik te maak van simbole of getalle. Dit onderskei sulke toestelle van analoogtoestelle soos langspeelplate, wat inligting as 'n wisselende patroon berg.
Dikteer – Om woorde uit te spreek sodat dit opgeneem kan word.
Donker Middeleeue – 'n Benaming vir die tyd tussen die jare 500 en 1000 in Europa. Word ook gebruik om na 'n tyd te verwys waarin daar weinig wetenskaplike studie of vooruitgang plaasgevind het.
Dubbelvlerk – 'n Vliegtuig met twee stelle vlerke.
Edelgasse – 'n Groep gasse, onder meer neon en argon, wat moeilik brand.
Eendekker – 'n Vliegtuig met net een stel vlerke.
Elektromagnetiese spektrum (EMS) – Die volle spektrum elektromagnetiese golwe, van die kortste, Gamma-strale, tot die langste, radiogolwe.
Elektromagnetisme – 'n Vorm van golfenergie wat liggolwe, radiogolwe, x-strale en mikrogolwe insluit.
Elektrone – Piepklein deeltjies wat in atome aangetref word.
Fluoresserend – Fluoresserende materiaal gloei wanneer dit deur sekere soorte elektromagnetiese energie getref word.
Fotovoltaïese sel – 'n Toestel wat lig in 'n elektriese stroombaan omskep.
Gekarboniseer – Deur verbranding na koolstof omgeskakel.
Gelei – Wanneer 'n materiaal elektrisiteit kan gelei, beteken dit dat elektrisiteit daardeur kan vloei.
Gloeidraad – 'n Baie dun draadjie van metaal of 'n ander materiaal. Die gloeiende deel van 'n gloeilamp word die gloeidraad genoem.
Golflengte – Die lengte van 'n golf, gemeet vanaf 'n bepaalde punt op een golf, tot by dieselfde punt op die volgende golf.
Hefboom – 'n Belangrike masjienonderdeel wat soos 'n stok lyk en om 'n draaispil of balanseerpunt roteer.
Ingenieurswese – Die ontwerp en bou van masjiene en stelsels om nuttige werk te verrig.
Inkeping – 'n Holte of klein versinking in 'n oppervlak.
Katodestraalbuis – 'n Toestel wat 'n beeld op 'n skerm laat vertoon deur 'n straal elektrodes deur 'n buis op 'n skerm te laat skyn.
Kieme – Klein, lewende organismes wat siektes in ander lewende dinge kan veroorsaak. Kieme sluit virusse en bakterieë in.
Koolstof nanobuise – Koolstofmolekules wat baie klein, baie sterk buisies vorm.
Koolstofvesel – Fyn draad of materiaal wat van koolstof gemaak word, of plastiek wat met koolstofgare versterk word.
Lens – 'n Geboë stuk glas wat ligstrale buig.
Magnetron – 'n Toestel wat mikrogolwe uitstraal.
Materiale – Verskillende soorte stowwe.
Middeleeue – Die periode tussen ongeveer die jare 500 en 1500.
Middeleeus – 'n Woord wat gebruik word om die tyd tussen ongeveer die jare 500 en 1500 te beskryf.
Mikrogolwe – 'n Soort elektromagnetiese golf wat deur kos kan beweeg en dit sodoende kan verhit.
Militêr – Wat met die weermag te make het.
Missiel – 'n Koeël, bom of ander voorwerp wat as wapen na 'n teiken geskiet of afgevuur word.
Modulering – Die verandering van 'n radiogolf sodat dit 'n patroon bevat wat inligting kan berg.
Molekule – 'n Klein deeltjie of stukkie materie wat uit 'n groep atome bestaan.
Niedodelik – Ontwerp om nie tot dood of ernstige beserings te lei nie.

Patent – 'n Amptelike lisensie wat 'n uitvinding of idee teen nabootsing of diefstal beskerm.
Petrol – Brandstof wat in motors gebruik word.
Oertyd – 'n Woord vir die tydperk voordat historiese rekords neergeskryf is.
Program – 'n Stel aanwysings wat vir 'n rekenaar sê hoe om 'n bepaalde taak te verrig.
Radar – 'n Stelsel wat vliegtuie, wolke of ander voorwerpe kan opspoor deur mikrogolwe uit te straal en dan die patrone wat terugspring te versamel.
Radioaktief – 'n Radioaktiewe stof stel deeltjies of strale (bv. gammastrale) vry wat skadelik kan wees.
Radiogolwe – 'n Soort elektromagnetiese golf wat gebruik word om inligting oor groot afstande te versend.
Rat – 'n Wielvormige komponent met tande om die buiterand wat in baie masjiene aangetref word.
Renaissance – Die periode tussen ongeveer 1450 en 1700, toe kuns, kultuur en wetenskap in Europa gedy het.
Rioolpyp – Die kanaal of tonnel waardeur rioolvuil weggedra word.
Rioolvuil – Die afval uit wasbakke en toilette.
Satelliet – 'n Voorwerp wat om 'n ander voorwerp beweeg. Ruimtesatelliete wentel rondom die aarde en stuur seine uit of doen metings.
Silikon – 'n Stof wat in sand gevind word en gebruik word om rekenaaronderdele te vervaardig.
Skriba – Iemand wie se werk dit is om met die hand te skryf.
Skroef – 'n Toestel met hoekige lemme wat teen die lug of water druk wanneer dit draai, en waarmee 'n boot of vliegtuig vorentoe gedryf word.
Steriel – Kiemvry.
Stroom – Vloei van elektrisiteit deur 'n kabel of ander voorwerp.
Stroombaan – 'n Kring bestaande uit elektriese kabels en ander komponente wat elektrisiteit gelei.
Stuifmeel – Stowwerige substansie wat deur plante afgeskei word.
Suier – 'n Silindervormige of skyfvormige onderdeel wat heen en weer beweeg in 'n buis.
Suurstof – 'n Gas wat mense en ander diere nodig het om in te asem om aan die lewe te bly.
Sweeftuig – 'n Vliegtuig sonder 'n enjin of kragbron.
Telegraaflint – Dun papierstroke wat gebruik is om inligting in die vorm van reekse kolletjies te berg.
Termiete – Insekte wat baie soortgelyk is aan miere.
Transistor – 'n Toestel wat in rekenaars gebruik word en rekenaars in staat stel om berekenings te doen.
Tropies – Wat met die Trope te make het – dié deel van die aarde naby die ewenaar.
Uitlaatgas – Afvalgas wat deur 'n enjin uitgeskei word.
Ultraklank – Klank wat hoër is as wat die menslike oor kan hoor.
Vaartbelyn – Gevorm om maklik en glad deur lug of water te beweeg.
Vakuum – 'n Heeltemal leë ruimte.
Vakuumbuis – 'n Buis met 'n vakuum aan die binnekant, wat in vroeë rekenaars gebruik is.
Verdowingsmiddel – 'n Middel wat pyn tydens operasies verdoof.
Vervoermiddel – 'n Rytuig met wiele, soos 'n motor.
Vibreer – Om vinnig heen en weer te skud.
Waterstof – 'n Tipe gas was as brandstof gebruik kan word.
Wentelbaan – 'n Sirkelroete wat 'n voorwerp rondom 'n ander voorwerp volg. "Wentel" beteken om in 'n wentelbaan te beweeg.
Wrywing – Die energie wat voortgebring word wanneer twee voorwerpe teen mekaar skuur.

REGISTER

Aanrolreukweerder, 73
Abakus, 50
Adams, Thomas, 26-27, 91
Ader, Clement, 19
Alhazen, 62, 84
Altair rekenaar, 51
Analitiese enjin, 50
Appleby, John, 18
Argand, Aimé, 41, 91
Aristoteles, 80
As, 9
Asteke, 24

Babbage, Charles, 50, 91
Bacon, Roger, 63
Baird, John Logie, 7, 48-49, 91
Balpuntpen, 72-73, 79, 91
BAND-AID®, 65
Barbier, Charles, 76, 77
Bardeen, John, 51
Becquerel, Edmond, 47
Bell, Alexander Graham, 42-43, 53, 91
Berliner, Emile, 46
Berners-Lee, Tim, 53
Besem, 32
Bi Sheng, 70
Bic® Cristal™, 73
Bifokale bril, 63
Binnebrandenjin, 15, 90
Biro, 72-73, 79
Biró, Laszlo, 72-73, 79, 91
Blanchard, Jean Pierre, 21
Blokdruk, 70
Boeke, 46, 68, 69, 70, 71, 76, 77
Booglamp, 38, 41, 90
Boot, Harry, 34
Booth, Herbert Cecil, 32, 91
Borrelgom, 27, 91
Braille, 77, 90
Braille, Louis, 76-77, 90
Braille-skerm, 77
Brattain, Walter, 51
Brille, 62, 63, 90
Brood, 7, 90
Broodrooster, 7, 87, 91

Cayley, George, 18
CD, *sien* laserskyf
Celerifere, 10
Chinese, antieke 17, 20, 52, 62, 68, 69, 78
Chloroform, 61
Cochran, Josephine Garis, 30-31, 91
Cousteau, Jacques, 81, 91
Crapper, Thomas, 37
Cristofori, Bartolomeo, 83, 90
Crum, George, 28, 29, 91
Cugnot, Nicholas-Joseph, 14, 90
Cummings, Alexander, 37

Daguerre, Louis, 85
Damian, John, 16
Davis, Jacob, 54, 55, 91
Davy, Humphry, 38, 41, 60, 90, 91
Denayrouze, Auguste, 81
Denim, 54, 55
Dickson, Earle, 64-65, 91
Diemer, Walter, 27, 91
Donkin, Bryan, 79
Drais, Karl von, 10
Draisienne, 10
Druk(kuns), 70-71
Drukpers, 52, 71, 90
Dubbelvlerkvliegtuig, 22, 92
Duikklok, 80
Duiklong, 81, 91
Duikpak, 80-81, 91
Dyson, James, 33

Eastmann, George, 85
Eckert, J. Presper, 51, 91
Eendekkervliegtuig, 22, 91, 93
Egiptenare, antieke, 40, 52, 68, 78, 86, 90
Elektrisiteit, 38, 41, 42, 43, 47, 51, 53
Elektromagnetiese golwe, 34, 35, 66, 92
Engelbart, Douglas, 87, 91
ENIAC, 51
Enjin, 14-15, 19, 23, 90, 91
  Binnebrandenjin, 15, 90
  Stralerenjin, 23, 91

Stoomenjin, 14, 15, 90
Eter, 61
Ewigdurende bewegingsmasjien, 88
Fick, A. Eugene, 63
Fiets, 9, 10-11, 91
Fluoorgloeilamp, 39
Focke, Heinrich, 23, 91
Fonograaf, 45, 46, 91
Ford, Henry, 15
Fotografie, 67, 84-85, 90
Fotovoltaïese sel, 47, 48, 93
Fox Talbot, William, 85
Franklin, Benjamin, 63
Fry, Art, 7, 74-75, 91
Fry, Francis, 25, 91

Gabe, Frances, 88, 91
Gagnan, Emile, 81, 91
Garnerin, André Jacques, 21
Gasbeligting, 41
Gayetty, Joseph C., 37
geïntegreerde kring, 51
Germer, Edmund, 39
Geuricke, Otto von, 80
Giffard, Henri, 22, 91
Gloeilamp, 38-39, 41, 91
Göbel, Heinrich, 38, 91
Grammofoon, 46
Gray, Elisha, 42
Grieke, antieke, 26, 36, 40, 52
Gutenberg, Johann, 70, 71, 90

Harington, John, 36, 90
Helikopter, 23, 91
Henry, Joseph, 53, 90
Hess, Daniel, 32
Hill, Rowland, 87, 90
Hoover, William, 33
Horie, Yukio, 79, 90
Houghton, Joel, 30
Howe, Elias, 56

Indiane, 40, 52
Indiane, antieke, 36, 68
Inkas, 8
Internet, 53, 77, 91

Jeans, 54-55, 91
Johnson, Robert Wood, 64
Judson, Whitcomb, 56

Kamera, 84-85
Kasset, 46, 91
Kassetopname, 46, 91

Katodestraalbuis, 49, 66, 92
Katogie, 6, 12-13, 91
Kers, 40, 90
Kerspit, 40, 41
Kieme, 37, 64, 92
Kilby, Jack, 51
Klankgolwe, 44
Klapvliegtuig, 16
Klavier, 82-83, 90
Kleistene 68, 78
Klouband, 58-59, 91
Knypbril, 63
Kontaklense, 63
Koolstof nanobuise, 89, 92
Kougom, 26-27, 91
Kreusi, John, 45
Kwas en ink, 78

Lae-energie gloeilamp, 39
Laggas, 60-61
Laserskyf, 44, 46, 91
LCD-("liquid crystal display") skerm, 49
LED's (ligemissiediodes), 41, 91
Lenormand, Louis-Sebastien, 20
Lens, 62, 63, 92
Leonardo da Vinci, 11, 20
Lidiërs 86, 90
Lig, 34, 38, 39, 40, 41, 47, 48, 49, 62, 66
Lilienthal, Otto, 18
Lister, Joseph, 64
Losletterdrukwerk, 70
Loud, John, 72
Lovelace, Ada, 50
Lugpomp, 80
Lugskip, 22, 91

Macmillan, Kirkpatrick, 10, 11, 91
Magnetron, 34, 35, 92
Majas, 24, 26
Marconi, Guglielmo, 53, 91
Mauchly, John, 51, 91
McGaffey, Ives, 32
Mestral, Georges de, 58-59, 91
Michaux, Ernest en Pierre, 11
Mikrogolfoond, 34-35, 91
Miura, Masao, 79, 91
Model T, 15
Monnike, 11, 62, 70
Montezuma II, 24
Montgolfier, Joseph en Jacques, 17, 90
Morse, Samuel, 53, 90
Morsekode, 53, 90
Morton, William, 61
Motor, 12, 13, 15
Motorbande, 9, 11, 26
MP3-speler, 44, 46
Muis (rekenaar), 87, 91
Munte, 86, 90
Murdoch, William, 41

Niedodelike wapens, 89, 93
Niépce, Joseph, 85, 90
Nipkow skyf, 47, 48
Nipkow, Paul, 47
Notaboekrekenaars, 51
Noyce, Robert, 51

Ohain, Hans von, 91
Olielamp, 40, 90
Onewewigtige wiel, 88
Operasies, 60-61
Operasies, 60-61, 64
"Ordinêr"-fiets, 11

Papier, 68-69, 70, 71, 72, 74, 75, 77, 90
Papin, Denis, 14, 90
Papirus, 68
Patente, 7, 13, 27, 30, 31, 39, 41, 42, 73, 87, 93
Pen, 72-73, 78-79, 90
Pfleumer, Fritz, 46, 91
Plaknota, 7, 74-75, 91
Pleisters, 64-65, 91
Pneumatiese bande (lugdrukbande), 9
Posdiens, 52
Posseël, 87, 90
Post-it®-nota, 74-75, 91
Potlood, 78, 90

Radar, 34, 93
Radio, 53, 91
Radiogolwe, 34, 43, 48, 53, 66, 93
Randall, John, 34
Réamur, René, 69
Reis, John Phillipp, 42
Rekenaar 46, 50-51, 71, 75, 77, 91
Rekenaarmuis, 87, 91
Ritssluiter, 56-57, 91
Rivaz, Francois Isaac de, 15, 90
Rolskaatse, 15
Romeine, 9, 36, 50, 62, 78
Röntgen, Wilhelm, 66-67, 91
Rookseine, 52
Rosing, Boris, 48, 91
Rouquayrol, Benoit, 81
Ruimtehysbak, 89
Ruimtevaarders, 59
Russel, James, 46, 91

Satelliet, 53, 89, 93
SCUBA-toerusting, 81
Scytale, 52
Selfoon, 41, 43, 53, 91
Selfreinigende huis, 88, 91
Semple, William Finlay, 27
Shaw, Percy, 6, 12-13, 91
Sholes, Christopher Latham, 79, 91
Siebe, Augustus, 80, 81, 91
Silikoonskyfie, 51
Silver, Bernard, 87, 91
Silver, Spencer, 74
Simpson, James, 61
Sivrac, Mede de, 10
Sjokolade, 24-25, 91
Skaatsplank, 15
Skeurdraadjie, 65
Skootrekenaar, 51
Skottelgoedwasser, 30-31, 91
Skrif, 78-79, 90
Skroef (propeller) 19, 93
Skuifspeld, 87
Skyfies, 28-29, 91
Skyfiesakkie 29
Sleutel, 86, 90
Slot, 86, 90
SMS, 53, 91
Spangler, James, 33
Speke, 9
Spencer, Percy, 7, 34-35, 91
Spieël, 86, 90
S-pyp, 37
Starley, James en John, 11
Stephenson, George, 14

Stikmasjien, 56
Stofsuier, 7, 32-33, 91
Stoomenjin, 14, 15, 90
Stoomtrein, 14, 15, 90
Stoomwa, 14, 90
Straalrugsak, 23
Stralerenjin, 23, 91
Strauss, Levi, 54-55, 91
Strepieskode, 87, 91
Strite, Charles, 87, 91
Sumeriërs, 8, 78, 90
Swan, Joseph, 39, 91
Sweeftuig, 18, 19, 91

Tandeborsel, 86
Telefoon, 42-43, 44, 53, 91
Telegraaf, 42, 44, 53, 90
Televisie, 7, 47-49, 91
Thomson, Robert, 9
Tikmasjien, 79, 91
Toilet, 36-37, 90
Toiletpapier, 37
Trevithick, Richard, 14, 90
Ts'ai Lun, 69, 90
Twyford, Thomas, 37

Ultrasoniese skandering, 67

Vaaler, Johann, 87
Vakuum, 32, 38, 39, 93
Vakuumbuis, 51, 93
Valskerm, 20-21, 90
Veerpen, 78, 90
Veiligheidsfiets, 11
Velcro®-produkte
Velocipede, 11
Verdowingsmiddel, 60-61, 91, 92
Verkoop-teen-datums, 29
Viltpen, 79, 91
Vliegmasjien, 16-19, 22-23
Vliegtuig 22, 23
Vliegtuig, 18-19, 21, 22, 23, 34, 91
Vrancic, Faust, 20, 90
Vulpen, 72, 79, 91

Warmlugballon, 17, 18, 21, 22, 90
Waterman, Lewis Edson, 79, 91
Watson, Thomas, 42, 43
Weerlig, 38-39, 40-41
Wells, Horace, 61, 91
Wêreldwye Web, 53
Whittle, Frank, 91
Wiel, 8-9, 10, 11, 15, 90
Woodland, Norman, 87, 91
Woordverwerker, 79
Wright, Orville en Wilbur, 19, 22, 91

Xocolatl, 24
X-strale, 34, 66-67, 91

Internetskakels

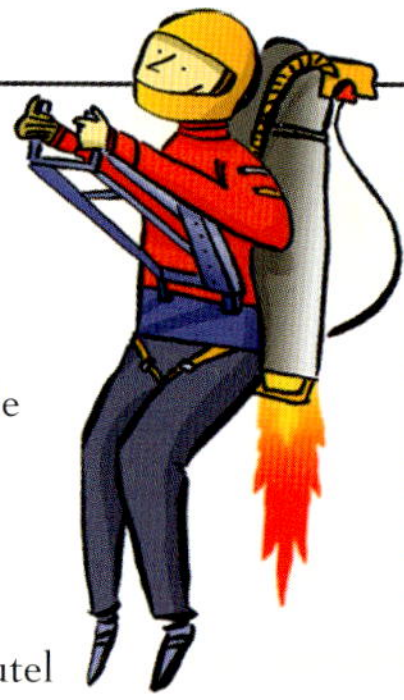

Daar's 'n groot verskeidenheid webwerwe met inligting oor uitvindings, uitvinders en hoe dinge werk. Daar's ook lekker aktiwiteite wat jy kan uittoets om te sien waarom sommige uitvindings glad nie werk nie. Op die Usborne Quicklinks-webwerf is skakels na fantastiese webwerwe waar jy meer kan uitvind oor honderde ongelooflike uitvinders en uitvindings, na prentjies en videos kan kyk, allerhande patente kan naslaan en leer hoe om jou eie eksperimente te doen en ontdekkings te maak.

Gaan na die Usborne Quicklinks-webwerf by www.usborne-quicklinks.com en sleutel die woord "inventions" in vir skakels na al hierdie webwerwe. Volg asseblief die internetveiligheidsriglyne wat op die Usborne Quicklinks-webwerf verskyn wanneer jy die internet gebruik. Die skakels op Usborne Quicklinks word gereeld nagegaan en bygewerk, maar Usborne Publishing kan nie verantwoordelik gehou word of enige aanspreeklikheid aanvaar vir die inhoud op enige webwerf behalwe sy eie nie. Ons beveel aan dat kinders die internet onder toesig gebruik.

Kunsdirekteur: Mary Cartwright Illustrasienavorsing deur Ruth King.
Aanvullende redaksionele werk deur Alex Frith.

Eerste uitgawe in 2007 deur Usborne Publishing Ltd., Usborne House, 83-85 Saffron Hill, Londen EC1N 8RT, Engeland.
www.usborne.com

Eerste Afrikaanse uitgawe in 2009 deur Protea Boekhuis
Posbus 35110, Menlopark, 0102
Burnettstraat 1067, Hatfield, Pretoria
Minnistraat 8, Clydesdale, Pretoria
protea@intekom.co.za
www.proteaboekhuis.co.za
In Afrikaans vertaal deur Amelia de Vaal
uit die oorspronklike Engels *The story of inventions*
Uitleg deur Etienne van Duyker

Gedruk in China.